あっという間に神様につながって♡

サクッとお金と人に恵まれる方法

スピリチュアルカウンセラー
サユラ
sayura

廣済堂出版

はじめに

はじめまして。サユラです。

「金沢の恐ろしいほど当たる占い師」と呼んでいただいています。

自宅の六畳一間からスタートし、最近では大阪や東京、名古屋、福岡にも場を広げて、タロットカードを使ったセッションやセミナーをしています。

理想の彼と出会えました！

結婚できました！

臨時収入、ゲットです！

ビジネスで成功しました！

たくさんの方から、嬉しいご報告をいただきます。

でも、本当のことを言うと、私が行っているのは**「占い」ではありません。**

みなさんは、ハイヤーセルフという言葉をご存知ですか？

ハイヤーセルフとは、あなたの「魂」のことです。

肉体のあなたではない、本当のあなたのことです。


あなたは何のために生まれてきたのか？

この人生をどのように生きれば幸福になれるのか？

ハイヤーセルフは、すべてを知っている**〝本当のあなた〟**です。


そんなハイヤーセルフとつながって、その人自身もまだ気づいていない心の奥の望みや進む道を聞き出し、翻訳してお伝えするのが私の仕事です。

ですから、よく「すごい！　どうして知ってるんですか？」と驚かれるのですが、すごいのは決して私ではありません。

すべては、あなたのハイヤーセルフが教えてくれたことだからです。

つまり、本当のあなたがすでに知っていることだからです。

だとしたら、わざわざ私を介さなくても、みなさんご自身が、自分のハイヤーセルフと直接会話できたらいいと思いませんか？

そう。ハイヤーセルフの声は、**実は、誰でも簡単に聞ける**のです。

本当の自分の声ですから、聞くというより本当はあなた自身、すでに知っているのです。

私たちはいつも、本当の自分＝魂であるハイヤーセルフと、そしてすべてを創造する神様とつながっています。でも、肉体を持ち人間となって暮らしていると、そのことをすっかり忘れてしまっています。

多くの刷り込みや押し付けられた価値観、世間の常識によって、自分の本当の願いが見えなくなってしまっていませんか？　まず、自分の本当の願いを知るために、本当の自分であるハイヤーセルフにつながりましょう。

心から信頼できるパートナーが欲しい。

お金持ちになってたくさんの経験がしたい。

大好きな仕事で成功したい。

その願いは、なぜ叶えたいのですか？

自分の本当の願いに目を向ければ、ハイヤーセルフは、あなたをハッピーにする知恵とひらめきをたくさんくれます。どんな願いや悩みに関しても答えをくれます。

いつも、あなたを最高最善に導いています。


そして、本当の願いを知って、神様につながります。

ハイヤーセルフは、神様につながっていて、神様の言葉を翻訳して伝えてくれます。そのツールとして、カードを使っています。


すべてを創造する神様は、あなた一人の願いくらい簡単に叶えることができます。

大切なのは、神様を信じて、すべてゆだねてみることです。

つながるイメージを持って、ハイヤーセルフと神様につながっていきましょう。

ハイヤーセルフ（本当の自分）の願いに従い、神様とのつながりを信じて生きれば、**がんばらなくてもサクッと自然に、お金や人に恵まれる**のです。

本書では、そのための方法を、あますことなくお伝えしていくつもりです。

また、この本を手に取ってくださったあなたのために、誰でも簡単にハイヤーセルフにアクセスできるツール「サユラカード」もご用意しました。

「サユラカード」は、あなたの質問に「○×△」でハイヤーセルフからの答えが受け取れるシンプルでわかりやすいものです。使い方は第6章でお伝えします。

名刺サイズですので、名刺入れや、スケジュール帳などに入れておき、いつでもどこでもカードを使うことができます。

カードを使って、ぜひ、あなた自身のハイヤーセルフとたくさんおしゃべりしてみてください。

さあ、これからあなたの人生にどんなミラクルが起こるでしょう?

どうぞワクワクしながらお楽しみください。

みなさんの幸せを願って

ＳＡＹＵＲＡ

第2章 お金はどこからでも入ってくる

第3章

好きなことだけをしてザクザク稼ぐ

第4章 運命の人を引き寄せる魔法のルール

第5章 ほんの一瞬で自分を変える法

第6章 誰でもできる！「サユラカード」に聞くあなたの未来

プロローグ

私自身、悩んでばかりの人生だった

あなたが「これが私」と思っている「私」の中には、実は、もう一人の「私」がいます。

それは、神様や宇宙とつながっている、**あなた自身の魂＝ハイヤーセルフ**です。

実はこちらのほうが、本当のあなた。

人間のあなた（肉体のあなた）は、この世限定の仮の姿なのです。

肉体のあなたが、自信がなくてコンプレックスだらけだとしても、

ハイヤーセルフは、自信に満ちています。

肉体のあなたが、不安や心配、悩みだらけだとしても、

ハイヤーセルフは、そんなあなたを見守っています。

なぜって、ハイヤーセルフは、天地創造の主といわれる神様と常につながっている

からです。

だからいつもパーフェクトなのです。


私自身、そんなハイヤーセルフの存在に気づいて、人生が変わりました。

かつての私は、人間関係も結婚もうまくいかないことだらけ。お金の苦労も人並み以上で、いつもぐちゃぐちゃグルグル、悩んでばかりでした。

この本につけたタイトルのように**「サクッとお金と人に恵まれる方法」**があるなど、考えたこともありませんでした。

そんな私が、今、その方法をこうしてみなさんにお伝えしようとしているなんて！

あの頃の自分が知ったら、きっと驚くでしょう。


そんなわけで、まずはじめに、これまでの私の人生の紆余曲折《うよきょくせつ》を、少しだけお話ししてみたいと思います。

どんな人でも、人生を変えられる。そのサンプルの一つとして、気楽にお読みいただけたら嬉しいです。

別れた夫は、借金王！

今から20年ほど前のことです。

私は、身も心もまさにどん底でした。一度目の結婚に失敗し、再婚したのはいいのですが、その相手が借金王。生まれたばかりの娘をかかえて、**1千万円もの借金を背負い込んでしまった**のです。

最初は夫婦一緒にお弁当屋さんをはじめました。でも、収入の半分以上は借金返済に充てていたので、生活はカツカツでした。

その上しばらくすると、たいして働いてもいないのに、夫が「こんなの、やってられるかッ」と言いだす始末です。

どうしてこんなダメ男と結婚しちゃったんだろう……。

悔しくって情けなくって、夫にも自分にも腹が立ちました。

どこかで私は〝いい妻〟でいることに、こだわっていました。

「夫婦なんだから、苦労を共にするのはあたりまえ」

そんな呪いにかかって、ドロ沼にはまっていたのです。


5年ほどが経過した頃、限界がやってきました。

「残りの借金は、全部私が返します！　その代わり、娘と私の前に二度と顔を出さないでください」

もう本当に一生、関わりたくないと思った私は、バシッとタンカを切って、夫とは離婚しました。

「自分がつくった借金でもないのに、どうしてあなたが返さなきゃいけないの？」

と、周囲にはよく言われました。

確かにそう。でも、そうでもしなければ、執拗につきまとう夫から解放されそうになかったのです。

神様って、本当にいるのかな？

夫からは自由の身になったものの、そこからがまた地獄でした。

借金のほとんどが高利の金融会社からだったので、払っても払っても利子がふくらみ、なかなか減らないのです。

昼は生命保険の外交員、夜は飲み屋さん、土日はテキ屋（スーパーマーケットの入り口など）の屋台で働きました。365日、1日も休みませんでした。

でも、どれだけ休まずに働いても、借金は終わりません。日払いでもらっていたアルバイトのお金は、毎日返済に充てました。**財布の中身はいつも小銭だけ。保育園に通う娘のお弁当のおかずも買えません**でした。

「どうしたの、おなかが空いてるの？」

ガリガリに痩せていた娘を見て、ある日、アルバイト先の飲み屋のママさんが声をかけてくれました。

そして、事情を知ると、その夜から、店であまったゴマ和えやきんぴらなどのおつまみ、お米などを、タッパーにつめて持たせてくださるようになったのです。

人の優しさが、しみじみ身にしみました。

一方で、連日の借金の督促には泣かされました。当時の取り立て屋は、本当に恐ろしいものでした。

怒鳴る、脅すはあたりまえ。その脅しも、「自分に生命保険をかけて、おまえは死ね。死ねば借金は返せるし、娘も喜ぶぞ」と、毎日電話をかけてきてくり返すなど、恐怖そのものでした。

「死」という言葉を聞くたびに、**神経が少しずつ壊れていく**のがわかりました。

当時住んでいた4階の部屋の窓から身を乗り出し、「ここから飛び降りたら死ねるのかな」と何度も考えました。

そんなとき、人に言われて心に響いたのが、**「神様」という言葉**でした。

私の身の上を知っている友人たちが、よくなぐさめてくれたのです。

「神様は、乗り越えられない試練は与えないんだって」

「苦しんだ分だけ、魂ってやつが磨かれるそうだよ」

へえ、そうなんだ？　なんだかちょっとだけ救われた気分でした。友人たちの言葉は、神様の声だったのだろうと、今は思います。

生きるって何だろう？

人生について、そして神様や魂といった「目に見えない世界」に興味を持ちはじめたのは、その頃からです。

ちなみに、生命保険の仕事でセールスの力をつけた私は、その後、損害保険の会社へ移り、やがて法人代理店を立ち上げ独立しました。

夫の借金を返し終え、生活が安定したのは、離婚してから5年後のことでした。

ずっと生きづらくて、しんどかった

「目に見えない世界」と書きましたが、実は、それまでも、そんな世界とまったく無縁だったわけではありません。

さらに人生の時計を、巻き戻してみます。

幼い頃の私は、ちょっと変わった子どもでした。

人が苦手で、ほぼ引きこもり。他の子のように普通に外出して、普通に人と挨拶したりオシャベリするようなことは、しませんでした。

そのため、学校へは小・中・高・大と一応進んだものの、籍を置いていただけで、ほとんど行っていません。

遊びといえば、もっぱら一人遊びです。机の下にもぐりこみ、缶の中にお気に入りのシールを一枚一枚入れては、いっぱいになると、また一枚一枚戻す……。

そんな気の遠くなるようなことを一日中くり返しました。

蛇口から勢いよく水が流れたときにできる泡のツブツブや、ぐるぐる回る洗濯機の中を、飽きずにずっと眺めているのも好きでした。


これは今もそうなのですが、好きなことなら何時間やっても平気です。4日間ぶっ通しでパソコンのゲームをやり続けて、腱鞘炎《けんしょうえん》になったこともありました。適度な加減というものがわからないのです。

こだわりが強く、過集中。後に心理学を学んでわかったのですが、私は自閉症、今でいう発達障害だったようです。


発達障害は、脳の一部の機能が、普通の人と違うのだそうです。

そのせいもあってか、**私は、カンの強い子でもありました。**人を見れば、その人が内心何を考えているかがわかるのです。

母と立ち話をする近所の人にむかって、「このおばちゃん、ウソついてるよ」と言って、母をあわてさせたこともありました。

不登校の私を心配して家にきてくれた先生にも、「あなたの考えなんて、お見通し」とばかり先回りしてズバズバものを言うので、職員室ではかなり評判が悪かったと思います。当然ですよね。

人はどうして、口で言っていることとおなかのなかが違うんだろう……。

子ども心にそれが不思議で、よく人の顔をジーッと凝視して、嫌がられることもありました。発達障害などという言葉がない時代、私はただの〝困った子〟〝扱いにくい子〟だったのです。

子どもの頃の写真を見ると、たいてい怒ったような、怯えたような目をして写っています。ずいぶん生きづらかったな……と思います。

私はサイキック!?

最大の生きづらさは、いわゆる「霊感」があったことでした。

人の考えがわかってしまうのも、霊感といえばそうだったのかもしれません。ただ、それがもっと強烈になったのは、15歳のときでした。その1年前から、突然毎日金縛りにあうようになり、それがピタッと止まったかと思ったら、**その日からいろいろなものが〝見える〟ように**なりました。

この世のものではないものや、人の未来や前世が見えることもあります。

同級生のお父さんが事故で亡くなったときは、その前日に夢で見て、すでにその事実を知っていました。テレビを観ていて、ある政治家の顔が映し出されたとたん、「あの人死ぬよ」とつぶやいて、その通りになったこともあります。

人の死を見てしまうのは、本当に嫌なものです。

予知したところで、私が何かしてあげられるわけではありません。とてもつらくて、こんな自分に生まれたことを恨みました。

実は、私の父も、似たような体質だったようです。父は、産婦人科医だったのですが、妊婦さんを見ただけで、生まれてくるのが男の子か女の子かわかると言っていました。きっと私は、そんな父に似たのでしょう。


以前からあった、いろいろな人の思いや考えがビュンビュン飛んでくるような感覚も相変わらずでした。

霊能力のある人は、サイキックと呼ばれます。横文字にするとなんだかカッコイイようですが、いえいえ、そんなものじゃありませんでした。

雑踏の中で、もし周りの人の会話が全部聞こえたら……と想像してみてください。騒々しくて、うっとうしくて、気がヘンになりそうだと思いませんか？

それが日常的に起こるのですから、たまったものではありません。

幸い、大人になってからは、見たくない、聞きたくないときには、脳のシャッターをピシャッと下ろすというワザを身につけました。

おかげで、やっと少し脳が平和になったのです。

人としゃべれないのに飛び込みセールス

前に保険のセールスで社長になったと書きました。でも、発達障害で人づき合いが苦手な私に、よく営業の仕事ができたと思いませんか？

自分でも驚きですが、あの頃は、元・夫の借金を返すのに必死でした。やればやっただけ収入になる保険の仕事で、がんばるしかなかったのです。

セールスですから、「恐い」「しゃべれない」では、1件の契約もとることができません。

そこでスイッチを入れ換え、まずはコミュニケーションの勉強をはじめました。

こんなときはどう言えばいいんだろう？

何を話せば喜ばれるんだろう？

人が会話しているところを、めちゃくちゃ観察しました。

先輩からアドバイスされたセールストークのコツも、まるでマニュアルのようにまるごと覚え、その通りに実践しました。

自分流のやり方がなかった分、かえって素直に行動できたのがよかったんでしょうか。営業成績は、メキメキ上がっていきました。

それでも、苦手なことを無理してやっているので、毎日疲れてヘトヘトでした。今はやめましたが、当時はストレスでタバコを一日4箱も吸い、毎晩お酒を飲まないと眠れませんでした。

ハイヤーセルフとつながるようになってわかったのですが、そんなに無理してがんばらなくても、**本当はもっと自分らしく、楽しくお金を稼ぐ方法があった**のです。

でも、自分らしさもなにも、そのときの私はコンプレックスだらけ。

「こんなダメな自分には、がんばるしか生きる道はない」と思い込んでいたのです。

私、占い師になる！

さて、思わぬビジネスの才能を発揮するようになった私は、39歳で法人代理店を立ち上げ、社長として保険の仕事によりいっそう力を注ぎました。

そのうちに、お客様とのつき合いも深まり、保険の話をしているのに、途中から人生相談のようになることが増えました。

子育てや夫婦関係の悩み、嫁姑問題……。いろいろです。

「ご主人、怒ってるんじゃなくて、本当は〝寂しい〟と思ってるみたいですよ」

「あれ？　お義母さん、同居するの、嫌じゃないみたいですね」

まだタロットカードは使っていませんでしたが、例の**子どもの頃からの直感や霊感のおかげで、言葉が次から次へとあふれて**きました。

「当たってました」

「みてもらってよかった」

こんなふうに喜んでもらえて幸せでした。しんどいと思っていた自分の力も、人のためになるんだな。

そう考えたら、もっと人生相談をしたくなりました。


その頃、テレビではちょうど『オーラの泉』という番組が大人気でした。

霊能者の江原啓之さんや歌手の美輪明宏さんが、芸能人を霊視して、その人のことをズバズバ言い当て、アドバイスをしていたのです。

「私にも、あれができる！」

そう思いました。


ビジネスは順調で、やっとお金の苦労もなくなりました。

その頃、今の夫と再婚もし、楽しくて幸せで人生絶好調でした。

それなのに、今さらゼロから人生相談？　今の仕事はどうするの？

心は、揺れ動きました。

そんなとき、当たるといわれる占い師さんにみてもらう機会がありました。

彼女が開口一番言ったのが、「おかしいなぁ。あなた、本当は保険の営業をやるような人じゃないんだけどな」でした。

「えっ。では、何をしたらいいんですか？」

「そうねぇ、占い師とか？……」

「えっ！　やっぱり」


結局、その言葉に背中を押してもらうかっこうになりました。

知人の代理店にすべてを譲って、私は保険業を廃業。**占い師**（**実際はチャネラー**）**というこれまでとまったく違う世界へ飛びこむことを決めた**のです。

夫は、一瞬「えっ！」と言葉を失いました。

周囲の人からは、「成功しているのになぜ？　もったいない」と心配されました。

でも、私の決意は変わりませんでした。


こうして、「サユラ」としての新しい仕事と人生がスタートしたのです。

今から7年前のことです。

保険の仕事をしながら人生相談をしていたときは、私がみなさんの悩みにお答えできるのは、単に人よりちょっとだけカンが鋭いからだと思っていました。

お話しする中で、何かがピン！　ときて、「こうじゃないですか？」と言葉にすると、「その通りです」「なぜわかったんですか？」と驚かれるのです。

当時は、そのピン！　がどこからくるのかわかりませんでした。

でも、今ならわかります。

それが、**ハイヤーセルフの声。神様からのメッセージだった**のです。

次の章からは、いよいよハイヤーセルフのお話がはじまります。

第1章

もう大丈夫！
ハイヤーセルフが
あなたの味方

ハイヤーセルフは、「本当の私」

みなさんは、「輪廻《りんね》」という言葉を聞いたことがありますか？

私たちは、生まれ変わりを繰り返し、この世にやってきます。

いつどんな時代に生き、男だったのか女だったのか、どんな仕事をしていたのか？

今のあなたには、記憶がありません。

でも、確かに何度も生き直し、そして死んでいったのです。

あなたはいったいどこから来て、どこへ帰っていくのでしょう？


答えは、神様がいる「宇宙」の世界です。

神様の世界には、私が「魂の壺」と呼んでいる、魂たちが集まっている場所があります。そこにはこれから一緒に何度も生まれ変わっていく魂の仲間たちがいます。

あなたのご両親、夫婦となる人、兄弟、友人……、それに職場のイヤな上司も、浮気ばかりする最低な彼氏も、どの人もみんな同じ「魂の壺」からやってきました。

あなたは、この壺から、この世にやってきました。

壺を出るときは、あなたは、この世でどんな人生を送るかのテーマをすでに決めています。そしてそのテーマをもとに、どんな両親のもとで、どんな肉体を使うかも、決めてきたのです。

今、あなたは、「もっとお金持ちの家に生まれたかった」などと嘆いているかもしれません。でも、それは、あなた自身が決めたことなのです。

この世にやってくる前のあなたは、魂そのものですから、この世では肉体が必要です。たとえば「山本花子。よし、今世はこれでいこう！」という具合です。

でも、山本花子さんは、魂の着ぐるみのようなもの。

あなたは、「山本花子、これが私！」と思っているかもしれませんが、「本当の私」は、宇宙からやってきた、魂のほうなのです。

ハイヤーセルフとは、この魂のことをさします。

つまり、**ハイヤーセルフが、「本当の私」です。**

けれど、人間の姿になったとたん、あなたは、「本当の私」を忘れてしまいます。悩んだり泣いたり笑ったり怒ったり……。現世の〝山本花子〟が自分のすべてになり、せっかく神様がくれるインスピレーションも、ハイヤーセルフの声も聞こえなくなってしまうのです。

すべては魂の経験のためだった！

「本当の私」は、神様が見守る「魂の壺」からやってきました。

ということは、私たち一人ひとりは、神様が愛を注いでくれる〝神の子〟のような存在です。

神様の子なのに、どうしてこんな苦労ばっかりするの？

確かにそう。なにか納得できませんね。

でも、これには理由があります。

それは、**この人間界でさまざまな体験をし、さまざまな感情を味わうためです。**

感情を味わえば味わうほど、魂が磨かれ、魂が喜ぶからです。

そのために、この世に来ました。

感情には、喜怒哀楽だけでなく、不安、恐怖、嫉妬、絶望……といろいろあります。感謝や憧れ、満足のようなポジティブな感情もあります。

人間の感覚としては、できればいい感情だけにひたっていたいのが本音です。

でも、神様界では、感情にいいも悪いもありません。

「とにかく、魂が震えるようなことなら、なんでも経験し、なんでも感じ、魂を震わせたい」

それが、魂の願いです。

泣いても笑っても、それが魂の喜びにつながるのです。

こうしていろいろな体験と感情を味わうことで、人は一歩一歩、最高・最善へ向かっていきます。そして、魂が最初に決めていたこの世の経験を終えたとき、今世での人生を終えるのです。

でも、すべてが終わったわけではありません。肉体は土に還りますが、魂であるハイヤーセルフは、宇宙の「魂の壺」に帰ります。

そして、次に再び生まれ変わる日を待つのです。

人生のステージと魂の壺

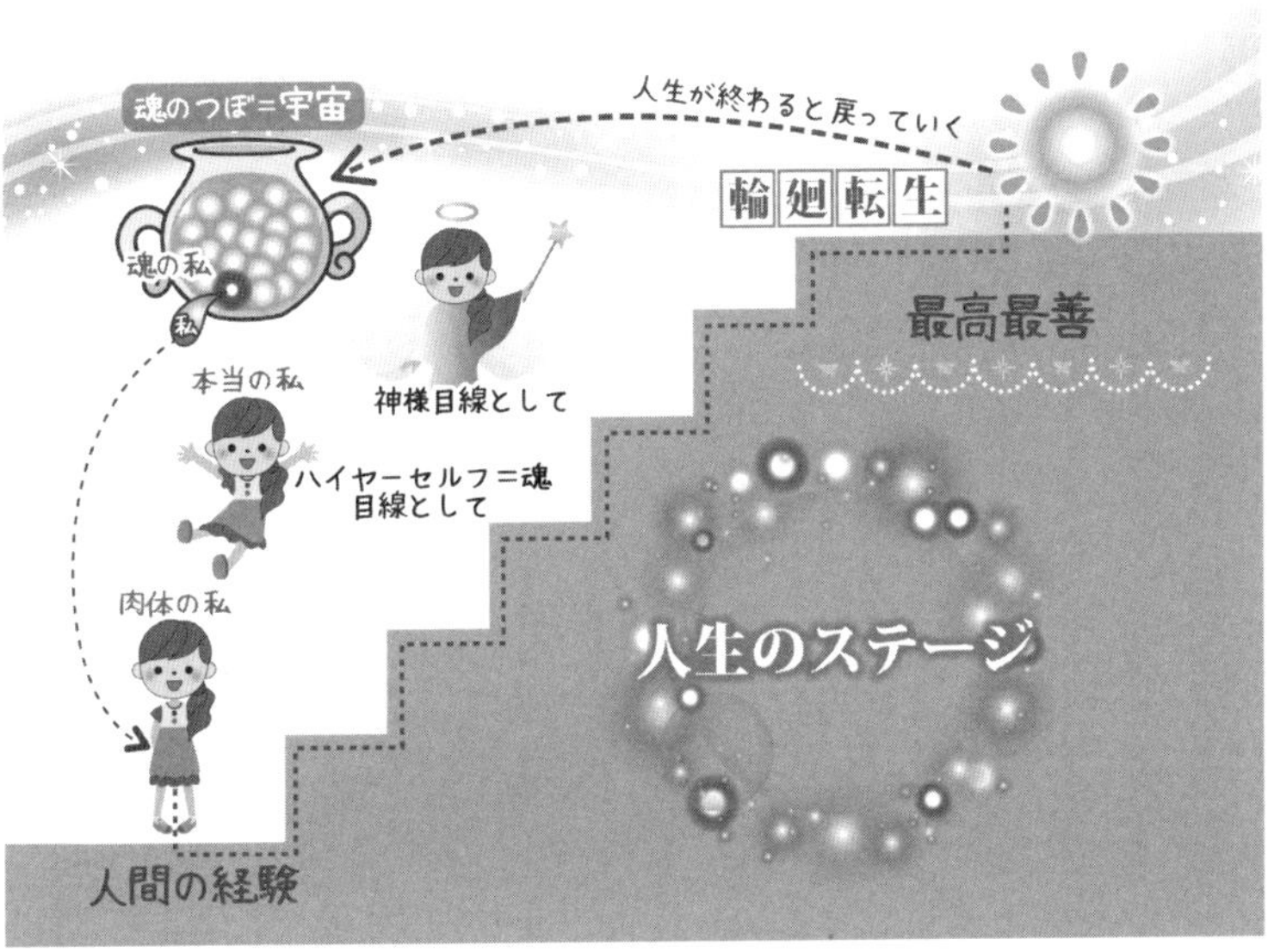

人生は必ず最高最善に導かれている

つらい経験は、感謝して手放す

この世で経験することは、すべて魂の喜びのためでした。

ということは、借金王と結婚して死ぬほど苦しんだ、私のあの地獄の日々は？

あれも、実は、魂が選んだ経験だったということです。


以前の私は、この過去の体験をなかなか昇華《しょうか》できませんでした。

あるときは、「夫をダメにしたのは、私かも」と自分を責め、そしてあるときは「どうしてあんなやつと結婚しちゃったんだろう」と後悔してみたり。

いずれにしても、過去にこだわりまくっていたのです。

あなたも身に覚えはありませんか？　たとえば、不倫の恋に破れて「私の青春、返せ！」といつまでもグチる……などということ。

でも、そうやって過去ばかり振り返っていると、せっかくの体験を素晴らしい未来につなげることができません。

神様は、「後悔する」「不満に思う」「恨む」という感情によって魂を喜ばせていると思って、また同じ経験をあなたにさせようとするのです。

私の場合なら、またお金にだらしない人と結婚します。

不倫する人は、また不倫して泣きます。

暴力男とつき合う人は、また同じタイプを好きになって殴ってもらいます。

神様にしてみれば、「魂が喜ぶこと♡」なので繰り返し実現してくれるのです。

神様はパーフェクトなのです。

「苦しい・悲しい・つらい」が好みなら、それで良いのですが、**そうでないのであれば、どんなつらい感情にもしっかり向き合い、味わい尽くして、手放します。**

つらかった、傷ついた。でも、「自分で望んで、体験したんだ」と思えたら、「神様、ありがとう」と感謝して手放し、本当の自分が望んでいる未来を実現させましょう。

神様に感謝するのは、どんな体験も、自分が選んだものだからです。

嫌な体験になぜ感謝しなくちゃいけないの？　と思うかもしれません。

でも、体験に善悪はありません。

「ハワイに行けました。神様、ありがとう！」

と嬉しい体験ができたときにお礼するのと同じことなのです。

苦しむか楽しむか、神様はどちらでもいい

何度も書きますが、神様にとって、感情にいいも悪いもありません。

あなたが何をしようが、その体験で魂を震わせるのが、魂にとっての喜びです。

怒りや怨《うら》み、憎しみ、悲しみで、ブルブル魂を震わせるのもよし。

幸せ、感動、好き、楽しいで、キャッハーと魂を震わせるのもよし。


神様は、どちらでもいいんです。

わざわざ苦しみや苦労を選ぶのは、私たち人間。

人間はそもそもネガティブであることで、この肉体を守っています。「寒いと風邪をひいてしまう」というネガティブ発想があるから、洋服を着ることができます。だから人間は基本的にネガティブ感情が得意なんです。

一方、**苦労が好き、我慢こそが素晴らしい、というような感覚は、育った環境によって刷り込まれた場合が多い**のです。

その代表が、「人生楽あれば、苦あり」の諺《ことわざ》ではないでしょうか。

楽ばかりは続かない、苦労が必ず来る、と思い込んでしまうのです。

宇宙には、こうした人間界の常識や固定観念はいっさいありません。

宇宙からやってきたハイヤーセルフ、つまり「本当の私」も、まっさらで純粋です。思い込みも制限もありません。

「どちらでもいいなら、私は、好きがいっぱいで生きる！」

あなたがそう決めれば、神様はそれを全力で応援してくれます。

「楽ばかりしてズルい」などとは、決して言いません。「ズルい」は人間の小っさい感覚です。今がどんなにつらくても、神様は必ずあなたを最高最善に導いています。

あなたも、苦しい人生から、楽しむ人生、大好きがいっぱいのワクワクする人生へとシフトチェンジしていきませんか？

決めたことは、現実化する

つい先日のことです。テレビで俳優の香川照之さんが出演しているドラマを観ていた私は、ふとこんなことを思いました。

「演技うまいなぁ、いい味出してるなぁ。会ってみたいなぁ」

すると翌日です。当時、東京の拠点にしていた六本木の事務所近くのカフェでひとりランチをしていたら、なんとその香川照之さんが入ってきて、私の目の前の席に座ったではないですか。

キャーーーッ!(もちろん、声には出していません)

私、嬉しさと驚きで、思わず夫と娘にLINEしてしまいました。

「今、目の前に誰がいると思う?」と。ミーハーですね。

ふと思ったことが現実になる……。

実は、私にはちょくちょくこういうことが起こります。

なにも私が特別だからではありません。

意識していないだけで、あなたの身にも日常的に起きていることなのです。

たとえば、愛用しているバッグやお気に入りの靴。それは、あなたが「欲しい」と思ったから、今あなたのところにあるのではないですか？

たとえそれがもらい物で、べつに「欲しい」と思ったわけじゃないとしても、「もらってもいい」とあなたが思ったから、そこにあるのです。

つまり、**現実とは、あなたの思いがつくっている**ということです。


そう考えると、夢や願いを叶えるのは簡単です。

願えばいいのです。

ここでちょっと解説すると、願うとは、「意図する」ことだと私は考えています。

意図するとは、思い込むとか強く念じることではありません。

ただ、さらりと「こうであったらいいな」と思うことを「決める」ことです。

たとえば月100万円の収入が欲しいなら、「私は100万円稼ぎます」と決めるだけ。あとは神様におまかせしてしまいましょう。

「ひゃ、ひゃくまん円⁉　大丈夫ですか？」

などという心配は無用です。

神様は、地球の、いえ宇宙のすべてを創った存在。**あなたの100万円ぐらいは、指先のホコリを飛ばすのと同じくらい、とても簡単**なのです。


大切なのは、神様を信じること。信頼し切ること。すべてをゆだねることです。

人間の感性で、「100万円欲しい」「でも、どうせ叶いっこない」と疑えば、神様も混乱します。

「欲しいの、欲しくないの？　どっち？」と。

また、「叶わなかったら、どうしよう……」と思えば、ただ「どうしよう……と不安に陥っている状況」が現実化します。


神様の世界には、品切れも数量限定もありません。無限です。

あなたが手に入れたい夢や目標は、自由に思い描いていいのです。

そして、「そうなる」と決めてください。それが神様へのオーダーです。

「月100万円稼ぐ私を受け入れます」と決めてください。

ハイヤーセルフとつながる生き方

ハイヤーセルフは、本当のあなたです。

でも、前に書いたように、ハイヤーセルフが人間の肉体を使って「山本花子さん」になったとたん、私たちはそのことをすっかり忘れてしまいます。

ハイヤーセルフは、しょっちゅうサインを送っているのですが、それにも気づきません。その代わり入ってくるのが、世間の常識や親からの刷り込みです。

そうすると、だんだんあなたの本当の願いからズレてしまいます。

たとえば、本当のあなたの願いは「子どもをたくさん産み育てたい」だったとします。ところが、物心ついた頃から、母親から「いい大学へ行き、いい会社に入るのが人生の幸せ」と口やかましく言われます。

そんなものかなぁ、といぶかりつつも、親の言うことを受け入れます。

その結果、あなたは猛勉強して一流企業に就職。今、キャリアウーマンとしてバリバリ働いていています。多忙を理由に、アラフォーでもシングルです。

これは、本当の自分の願いからは、かなりズレてしまいました。

私のところに相談にくる女性の中にも多いのですが、**モヤモヤした悩みが生まれるのは、たいていこんなとき**です。

お給料が多いのに、日々が楽しくない。

毎日がどんより憂うつで、つまらない。

やる気、ゼロ。もしくは、あるフリをする。

私自身、保険のセールスをしていたときはそうでした。

占い師さんに「あなた、営業をするような人じゃないんだけどな」と言われたのは、まさに、このズレのことだったんですね。

「サユラさん、どうしたらいいと思いますか？」とよく聞かれますが、こんなときこそハイヤーセルフに聞くのが一番の近道です。なにしろ、ハイヤーセルフは、あなた自身なのですから。

オラクルカードは連絡ツール

人間界に降り立った瞬間、ほとんどの人が聞こえなくなってしまうハイヤーセルフの声や、神様からのサイン。

そんな人に代わり、「チャネリング」といって**その人のハイヤーセルフに直接アクセスしてメッセージを受け取る**のが、私がやっているカードのセッションです。

ハイヤーセルフは「本当の私」である「魂」。そしてハイヤーセルフは神様の言葉を通訳してくれます。

チャネリングの際は、ハイヤーセルフとチャンネルを合わせて会話をします。
私「相談者が、○○君とつき合いたいって言っていますが、どうでしょう？」
ハイヤー「今は、ムリです」
私「えっ、なぜですか？」

ハイヤー「○○君、他に好きな子がいますから」

と、こんな感じで、答えがちゃんと出るまでお話しし続けます。

チャネリングのために私が使っているのが、「サイキック・タロット・オラクルカード」と呼ばれるカードです。

サイキックは「霊能力」、オラクルは「神のお告げ・神託」の意味で、このカードを使うことで、**魂や神様のメッセージをわかりやすい形で受け取ることができる**のです。

とはいえ、このカードを使いこなすのは、訓練と経験、それから直感力やカードの言葉を読み解く力も必要です。

そこで今回、読者の皆さんのために私が考案したのが、オリジナルの「サユラカード」です。

「○×△」のたった3枚のカードでハイヤーセルフからのメッセージを受け取れるので、誰でも扱えてとても簡単です。使い方の詳細は第6章でじっくり解説しますので、どうぞそちらをご参照ください。

人間の考えることなど、小ちゃい！

私がタロットカードや「サユラカード」が大好きな理由の一つが、人間の小さな常識や考えをあっさり覆してくれるところです。

こんなことがありました。

それは、私が地元・石川県で自宅兼仕事場にもなるような新居を探していたときのことです。

不動産屋さんと一緒にいろいろ見たあげく、ついに最高の物件発見！

もとはエステのサロンだったそうで、4階建てのスタイリッシュな造り。室内に入ると、大理石がふんだんに使われていて、めちゃくちゃゴージャスです。

いいね、いいねー！

私も夫も娘も大喜びで、すっかりテンションが上がりました。

どんなことでもハイヤーセルフと相談する私は、実は、事前にこの家の写真を見た段階ですでにカードに聞いていていました。

「この家、どう?」

すると、カードが出した答えは、実は「×」でした。

けれど、写真でもとてもステキで、こうして実際見学してみると、理想を上回る本当におしゃれな建物だったのです。

ハイヤーセルフはダメと言うけれど、ダメなところは後でいくらでも改善すれば良いから、と内見をしたのです。

心の中は、このステキな建物に決めたいなぁと思っていました。

ところが……。

最後に窓をバーンと開け放ってみたら、建物の裏は一面のお墓でした。

家族3人、「あっ!」と口を開いたまま、あとは無言です。

さすがにお墓見えは、ちょっと……。私たちは良いのですが、占いのセッションや講習会、セミナーに参加してくれるお客様の中には敬遠してしまう方がいらっしゃるかもしれません。

ハイヤーセルフは、これを知っていたのです。

こんなふうに、あなたが絶対「○」と思ったことでも、カードは「×」を出してくることがあります。

カッコイイ○○君とつき合いたいと思ったのに、「×」。

時給が高いあのバイトをやろうと思ったのに、「×」。

「どうして?」と不満に思うかもしれません。

でも、「○」と判断するのは、しょせん人間レベルの考え方。

高次元からすべてを見通すハイヤーセルフには、あなたが幸せになるために何が本当の「○」なのか、ちゃんとわかっています。

道を間違えそうになったとき、私は、そんなハイヤーセルフに、何度も助けられてきました。

毎日、湯船につかる

お風呂は、湯船につからず、シャワーだけで済ませる人が増えているようです。でも私は、湯船は絶対につかることをおすすめしたいと思っています。

なぜなら、お湯につかるその時間は、神様・宇宙につながっているから。

むかしむかし、宇宙ができたとき、一番最初に真っ暗な中に「ふわん」とゆらぎがおこり、そこから宇宙ができていったといわれています。

その揺らぎを「1/fのゆらぎ」といいますが、お風呂やプールなどの水面のゆれが、まさに1/fのゆらぎです。だから人は、水面のゆれや水の波紋を見ると、あの宇宙を、「魂の壺」を思い出すのです。

宇宙の「魂の壺」の中にいるときは、それぞれの魂がみんな一緒に同じ水のようなものの中にプカプカいる状態です。ひとつの寒天の中にあるフルーツみたいに、一人ひとりだけど、みんな一緒、というイメージです。

人間のように「個」という概念はなく、「私はあなた、あなたは私」というワンネス（一体）の状態だと言われています。だから、お風呂や海、プールなど、お水の中に身をゆだねたときにも、宇宙を思い出すのです。

このように、**お風呂の湯船の中は宇宙や魂の壺に似た状態になるため、宇宙につながることができる時間になり、神様のメッセージがとても降りてきやすい**のです。

気持ちいいな〜と思ったり、ボーッとしてしまうのも、お風呂の中で、メッセージが降りてきやすい理由です。

だから、毎日お風呂に入り、湯船につかって、宇宙を思い出し、神様につながりましょう。神様も魂も、常に必ず私たちを最高最善に導いています。安心して、ゆだね、メッセージを受け取りましょう。

次の章からは、ハイヤーセルフが教えてくれた「人とお金に恵まれる知恵とコツ」をどんどん紹介していきます。

神様からサインが来る

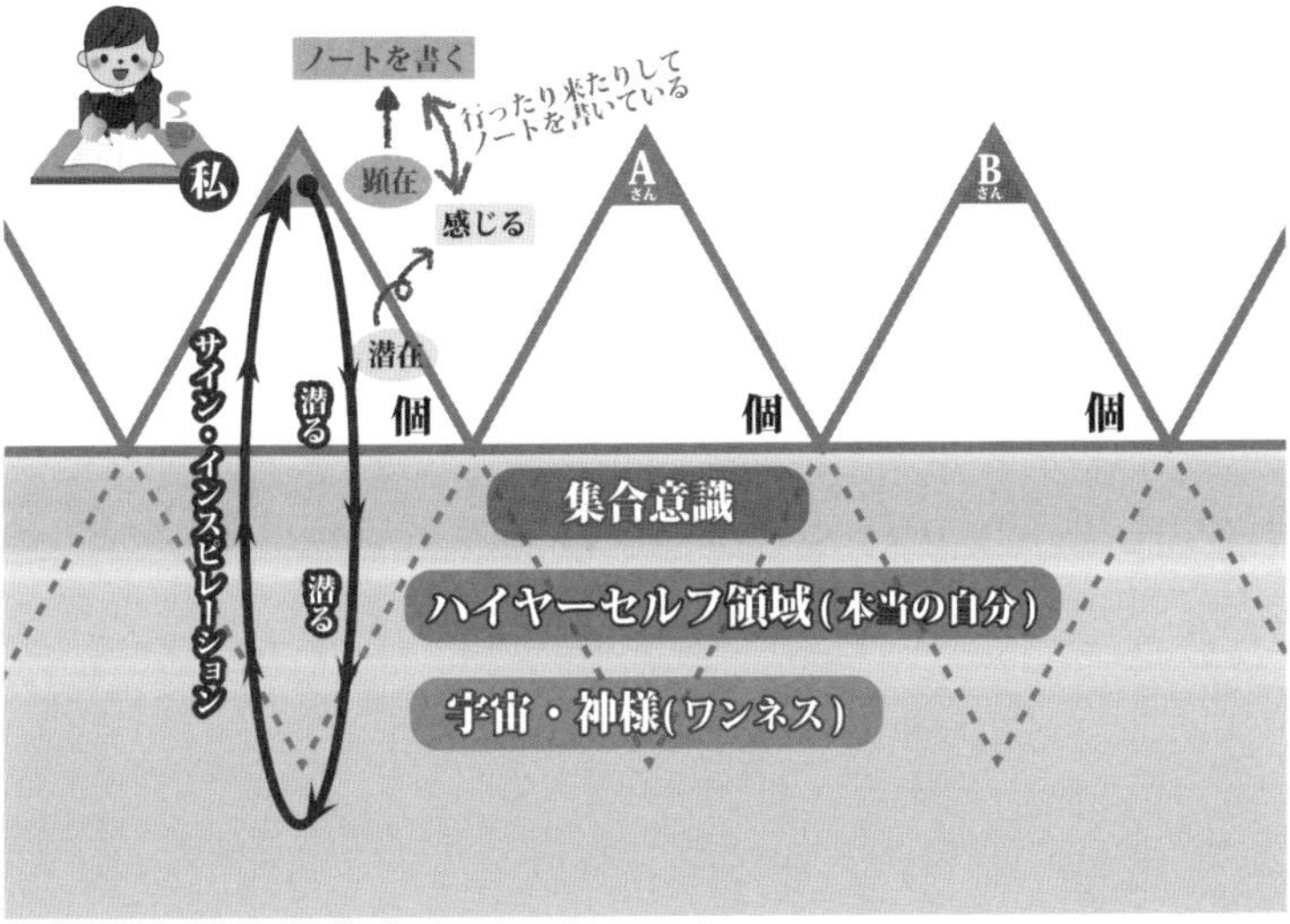
ノートを書く
行ったり来たりして
ノートを書いている
私
顕在
感じる
A
さん
B
さん
潜在
サイン・インスピレーション
潜る
潜る
個
個
個
集合意識
ハイヤーセルフ領域（本当の自分）
宇宙・神様（ワンネス）

第1章のまとめ

□ 神様は必ず最高最善に導いてくれる

□ ハイヤーセルフは、魂＝「本当の私」

□ この世で経験することはすべて魂の喜び

□ 目の前の現実は、すべてあなたが決めたこと

□ 「好きがいっぱいで生きる！」と決める

□ 「サユラカード」でハイヤーセルフとつながろう

第 2 章

お金はどこからでも入ってくる

「何かあったときのため」には貯金しない

「がんばって節約しているのに、月末になると支払いでキュウキュウ」

そう嘆く人は、「もっと節約しなきゃ！」と思います。

スーパーで買う肉や野菜は必ず〝安いほう〟。傘は１００円均一。欲しいと思ったブラウスも、「去年のがまだ着れる」とグッと我慢。

でも、そこまで切り詰めても、やっぱり月末にはお財布が空っぽ。いつまでたっても豊かになれません。

なぜだと思いますか？

「まだまだ節約が足りないから？　もっとケチケチすべき？」

いいえ、違うんです。

ちょっと考えてみてください。そもそも、あなたが節約するのはなぜでしょう？

「だって、節約しないと、お金が足りなくなるから」

なるほど。つまり、あなたは「お金は足りないもの」「なくなるもの」と決めつけているということですね。だから、「お金が足りない」状況が現実化したのです。

これが、前の章にも書いた「宇宙の法則」です。

実際は、お金は無限です。

空気が吸っても吸っても減らないのと同じで、お金はなくなりません。

では、「お金は足りないもの」と決めたのは誰？

それはあなた。あなたの思い込みです。お金のことで苦労したり不安になっている人は、たいてい、この思い込みによるものなのです。

たとえば、別れた夫の借金を返すために必死で働いていた過去の私。

苦しかった、しんどかった……。

でも、今考えれば、しんどいのはあたりまえです。そのときの私の前提は、「苦労しなきゃ、お金はたくさん稼げない」でした。だから、その通り、本当に苦労続きの現実がやってきただけだったのです。

神様は、100%忠実にあなたの思い込みを現実化してくれます。

ですから、「何かあったときのために、貯金します」も要注意です。

「何かある」という前提なので、貯金が満期になったときに、ちゃんと洗濯機が壊れたり、車の調子が悪くなったり、お金が必要なトラブルが起きるのです。

「ああ、よかった。こんなときのために、貯金しておいて」

あなたはそう思うかもしれませんが、違います。

「何かのために」貯金したから、そうなったのです。


同じように、「老後のために貯金する」も、「老後はお金がなくて苦労するから貯金する」だとしたら、病気になる、詐欺に騙されるなど、やはり、お金が必要になる状況が現実化してしまうのです。

もちろん貯金そのものが悪いわけではありません。

理想の家を買うため、好きな車を買うため、老後ハワイで暮らすため。

そんな楽しい目的を叶えるための貯金なら大賛成。神様も応援してくれます。

「しんどいことはやめる」と決める

「苦労しなきゃ、お金は稼げない」という前提だった私も、あるとき前提を変更しました。新しい前提は、**「好きなことばっかりで、ざくざく稼いで、好きなことに使う！」**です。

その結果、私の人生は一変しました。

スケジュールは、1か月のうち3分の2は県外へ出掛けたり講座をしたりしますが、残りの3分の1は大好きな家の中に引きこもりです。

美味しいものを食べ、会いたい人に会い、たくさんの刺激を受けて充実した20日間と、どこにも出掛けない10日間を過ごします。

毎日自分の好きなことだけを仕事にして、夢中で過ごすだけ。

それだけで、あの頃の何倍もの豊かさを手にすることができたのです。

同じ占いを仕事にする人の中には、「占い師はお金にならないもの」と決めている人がいます。夜な夜な街に出て、通りがかりの人を占い、1日1万円くらいになればそれでいい……と。

鑑定料を受け取るときも「すみません。3千円ですけど、いいですか？」と、まるで**お金をいただくのがいけないことのようにオドオド**。

これでは、お客さんも「この人自信がないのかな」と占いへの期待感もしぼんでしまいます。

お金はざくざく稼いでいいのです。

あなたが稼いだからといって、ほかの人の取り分が減るわけではありません。たくさん稼いでたくさん使えば、たくさん循環します。

だから、「自分好みの方法でたくさん稼ぐ！」と決めましょう。

決めるだけで、人生はまず好転します。

それが、宇宙の法則だからです。

神様には「安い」も「高い」もない

現実化は、ただ、自分の好みをいつも「決める」ことからです。

たとえば、今からデパートに買い物に行くとします。

そんなとき、私は「着いたら私の車はすぐに駐められます。神様、ありがとう！」と決めます。

すると30分後、駐車場に着いた私には、必ず車を駐めるスペースが空いているのです。

決めるときには、**もうすでに〝そうなった〟かのように、叶った状態を先取りして感謝するのがポイント**です。

そして最後に必ず、この素晴らしい体験を与えてくれる神様に、「ありがとうございます」の言葉を忘れないでください。

よく「物も現実化できますか？」と聞かれますが、もちろんです。

ルイ・ヴィトンのバッグだって、あなたが本当に大好きで、心の底から欲しいと願うなら、いつか必ず手元に届きます。

1万円のバッグなら現実化できても、30万円のルイ・ヴィトンはやっぱり難しい？

いいえ。高い安いは、あくまでも人間界の価値観です。あなたの価値観が「難しい」「叶わない」と思うことは叶いません。

バッグは**どんな形で届くかわかりません。**

もしかしたら、30万円の臨時収入かもしれません。誰かに30万円分の仕事を依頼される形なのかもしれません。

どんなルートであなたが手にするのか。それは、神様におまかせしましょう。

その人にとって最適なルートが何かを知っているのは、神様だからです。

ＲＡＳのスイッチをオンにする

こんな体験はありませんか？

青い車が欲しいなと考えていたら、街中に青い車ばかりが走っているように見えたこと。犬を飼いたいなと考えていたら、やたらと犬を散歩させている人ばかりが目についたこと。

「不思議。すごい偶然！」と思うかもしれません。

でも、実はこれ、不思議でも偶然でもありません。

脳の中心の脳幹の一部に、通称ＲＡＳと呼ばれる神経の集まりがあります。

ＲＡＳは、脳に流れ込んでくる膨大な情報のうち、**自分にとって必要な情報と、そうでない情報を振り分けるフィルター**のようなもの。

その人がどんなことを考え、何に関心をもっているかで、それに関連した情報だけを選別して認識させてくれるのです。

だから、まるで偶然その人の考えを見通したように、見たいものだけを見せてくれるというわけです。


最近の脳科学では、このＲＡＳの働きを活用して夢や目標を現実化するメカニズムに注目が集まっています。


たとえば、**「月に１００万円稼ぐぞ！」と決めたら、ＲＡＳがそれに必要な情報をフィルタリングしてくれます。**

それはビジネス関連のセミナー情報かもしれません。

収入をアップさせてくれる新しいツールかもしれません。

１００万円の売上を作る人脈かもしれません。

どんなものであれ、役立つ情報がどんどん目に飛び込んでくるのです。


ほかにも「沖縄に行きたいな」と思えば、たまたま開いた雑誌のページが沖縄特集だったり、街でお得なツアーのパンフレットを見つけることもあるでしょう。

こうしてＲＡＳが、夢や目標を叶いやすくしてくれるのです。

「100万円稼ぐぞ」とも「沖縄に行きたい」とも思っていなければ、同じように街を歩いていても、情報はキャッチできません。

ですから、やはり、まず「決める」のが大事。

自分はどうなりたいのか、何が欲しいのか？

決めておかなければ、RASは何を基準に情報を取捨選択していいかわからないからです。

もちろん、その情報や出会いを集めてきてくれるのは神様です。だから、**決めた願いを宇宙に届けてください。**そのときは必ずノートに書いてください。イメージできるもの、写真なども、一緒に貼りましょう。

「お金が大好き！」と言えますか？

「私って、お金に縁がないのよね」

「欲しいけど、高いからどうせ買えない」

よく聞くそんなセリフも、その人が勝手に決めている前提です。

こうしたお金に関する前提は、たいてい過去に誰かから刷り込まれた価値観がもとになっています。

たとえば、近所に豪邸を建てたり、急に高級車を乗り回すような人がいると、誰かがこんな噂話をしませんでしたか？

「羽振りがいいわね。きっと何か悪いことしてるのよ」などと。

お金持ちは悪い人。

お金儲けするのは、はしたない。

お金は汚いもの。

そんな先入観が植えつけられて、お金に対して否定的になってしまったのです。

お金に否定的な感情をもつ人は、「お金が大好き！」と言えません。言えたとしても、「何かいけない言葉を口走ってしまったようで、ドキドキ・ザワザワします」とおっしゃいます。

へんですね。「チョコレートは好きですか？」と聞かれれば、「大好きです！」と答えられるのに、お金に関してだけは罪悪感でいっぱい。これも刷り込みです。

私自身、お金で苦労していた頃は、「お金のせいで不幸になった」「お金のせいで元・夫はおかしくなった」「お金のせいで殺されかけた」と、お金のことを恨んでばかりでした。

これではお金が入ってくるわけがありません。

自分が愛していないものからは愛されないのは、万物の法則です。恨んだり嫌われたりしている人のところへ、お金がわざわざ近寄ってくるはずがないのです。

私はお金が大好きです！　とノートに書いてください。声に出して言ってください。

お金との関係が変化しますよ。

お金の入り口は広く大きく開けておく

お金をバンバン引き寄せるコツ。
それは**「お金はどこからでも入ってくる」という前提に変えること**です！

これを言うと、たいていの人は「まさか！」という顔をします。

「親は貧乏だし、私も会社員。入ってくるところなんか、どこにもありません」

でも、本当にそうでしょうか？


親戚の遺産が入ってくるかもしれません。

1億円拾って、お礼にその1割の1千万円もらうかもしれません。

宝くじに当たるかもしれません。

たまたま親切にしてあげた老人が大富豪で、財産を分与してくれるかもしれないじゃないですか！

神様は、お金の蛇口をたくさん用意してくれています。

人間の感覚で一つしかないと決めつけるのはもったいないですよ。


私の講座に通うある生徒さんも、最初は全力で否定していました。

「えー、だって、収入は夫の給料だけなんですよ」と。

私が住む石川県は、東北の震災をきっかけに移り住んでこられた方が多いのですが、彼女もその一人でした。

私のところへいらしたときは、東北に残って働くご主人と離ればなれで、子どもと三人暮らし。地震でたくさんの知人や親戚を亡くしたショックに加え、慣れない土地で生活するストレスもあるのか、疲れ切ったようすでした。


「もう人生最悪です」

「とにかくお金がないんです」とうなだれていたのです。

そんな彼女にアドバイスしたのは、今は信じられなくてもいいから、まず「お金はどこからでも入ってくる」とノートに書くことでした。

ノートに書くのは、自分が決めた前提を、神様に宣言するようなもの。

文字にすることで自分の頭の中の「思い」が〝見える化〟され、神様もサポートしやすくなるのです。

「すごいことが起きました！」

と彼女が再びやってきたのは、数ヶ月後のことです。

少し前に亡くなった父親が、彼女のために貯金を残してくれていたのがわかったのだそうです。

その父親は、彼女にとって二番目のお父さん。

血のつながらない子だからか、幼少期はいつも「おまえなんかいらない」と物置に閉じ込められるなど、虐待を受けていたといいます。

「えっ！　あんなに私を憎んでいた人が、まさか私のためにお金を!?」

親の遺産などまったく期待していなかった彼女にとって、本当に信じられないようなミラクルな出来事だったのです。

結局、父親からもらった５００万円を頭金に家を買い、離れていた夫も石川県で一緒に住むことになり、彼女も今はとても幸せに暮らしています。

宇宙の力は、本当に素晴らしい！

人間の頭で考えることには限界がありますが、神様は無限です。

神様が私たちに与えてくれる豊かさは、私たち人間の想像をはるかにこえたレベルなのです。

イメージしてください。神様は、天からお金を降り注ごうとしています。

それなのに「そんなに簡単にお金が入ってくるわけがない」と勝手に決めて入り口をブロックしていたらどうでしょう？

お金を入れたくても、入れられませんね。

「お金はどこからでも入ってくる」と決めて、入り口を広く大きく開けましょう。

そうすれば、神様は気前よくそこにザラザラとお金を注いでくれるのです。

お金の不安は、書き出してみる

「今月はピンチ！　月末のカードの引き落とし、大丈夫かなぁ」

など、お金がらみの不安、ありますよね。

仕事中にもふと頭をよぎって、「ああ、どうしよう……」と胃のあたりが冷たくなるようなあの感じ。

そんなときのおすすめが、今の状況と感情をありのままにノートに書くことです。

たとえばこの場合なら、

「27日はカードの引き落とし日。だいたい3万円ちょっと。足りなかったらどうしよう。不安でたまらない」と、書いてみる。


ノートに書くのは、自分の感情を客観視するためです。

ただ「不安だ、不安だ」と心の中や脳内に置いたままでは、不安はいつまでも不安のままです。

ところが、ノートに書くと、ぐっと引いた第三者の目線になって、自分を冷静に見つめることができるのです。

「27日まで、あと1週間だよね。他に出費の予定はないから大丈夫だよ」

「先月もちゃんと払えたしね」などと。

頭で考えているだけだとどんどん大きく膨らんでしまう不安も、このように書いてみれば、「なーんだ。大丈夫じゃない」と気づくこともあります。

それにお金は、本当にどこからでも入ってきます。

たいていのお金の不安は、**そんなに大した問題じゃない**のです。

魂が喜ぶものだけを買う

よく「お金は使えば使うほど入ってくる」といいます。

確かに、お金は循環するものですから、出し惜しみして自分のお財布に入れたままでは、流れがせき止められてしまいます。

呼吸だって吐かなければ吸えないように、使わなければ入ってこないのです。

ですが、ただ使えばいいというものではありません。

「また使っちゃったよ、もったいない」

「あんなもの買わなきゃよかった、ハァ……」

こんなふうにお金を使うたびにドンヨリ負のエネルギーを出していれば、お金は減っていくだけです。

うまく循環させるコツは、お金をプラスのエネルギーに変える使い方をすること。

つまり、**あなたの魂＝ハイヤーセルフが喜ぶ使い方**です。

たとえばホテルのティールームの１５００円のコーヒーが「高い、もったいない」と思えば、あなたは自分が〝１５００円にも値いしない人間〟と思っているということです。

そうではなく、素敵なティールームの空間を味わったり、高級なコーヒーの味自体を「美味しい！」と感じたりしましょう。

「日差しが心地いいな」「このコーヒーカップ、かわいい」「この雰囲気、大好き！」と、嬉しい、楽しい、気分がいい、の感情を味わいましょう。

それが、魂が喜ぶ１５００円の使い方。**あなた自身が、本当に使いたいものにお金を使いましょう。**喜びのエネルギーでお金を使えば、それがまた誰かの喜びとなって、再びあなたのもとへ帰ってくるのです。

普段の買い物も同じです。

たとえ１００円、２００円のものでも、自分が好きなもの、心から欲しいもの、自分が喜ぶものを選びましょう。

たとえば『デカビタC』を買うと決めたら、『リアルゴールド』でも『CCレモン』でもない。『デカビタC』なのです！

そこは、「まあ、いいや」と妥協しないこと。

「高い、安い」も問題にしません。

同じティッシュペーパーでも、手触りのいいほう、好きなほう。

同じ野菜でも、美味しいほう、栄養がいっぱい詰まったほう。

そんなふうに自分を楽しませても、日用品や食費のレベルなら、トータルで年間何万円も違わないはずです。

値の張るものを買うときも基準は同じ。本当の自分が喜ぶかどうかです。

買おうかどうしようか迷ったら、こんなときこそ「サユラカード」に聞くのもおすすめです。

人間のあなたが、「やっぱりやめておこうかな」と思っても、魂のあなたは「○（マル、それ、あったら嬉しいな）」と答えてくれるかもしれません。

こうして好きなものに囲まれて毎日を過ごすうちに、お金はどんどん循環するのです。

妥協せず自分好みの日常にしていく

この仕事をはじめたばかりの頃は、私もまだ節約、節約のチマチマ派。

「お金は使えば使うほど入ってくる」などとは思っていませんでした。

出張先のホテルを選ぶときも、「1泊6900円まで」でネット検索。それ以上は贅沢だと考えていたのです。

でもあるとき1万円台のホテルに泊まってみて、実感しました。

「**やっぱりこちらのほうが気分がいいな**」って。

そうなると、もう6900円のホテルは嫌だな、と思うようになりました。

しばらくして今度は2万円のホテルに泊まってみると、やっぱりこっちがいいなと思いました。

続いて今度は、3万円、5万円……。

こうして徐々に好みを選んでいったところ、ラグジュアリーな空間ばかりで過ごすことができるようになったのです。もちろんこれは、好みの問題で、料金が安いのがダメとかいう話ではありません。

「それはサユラさんがお金持ちになったからですか？」と聞かれますが、決してそうではありません。

お金持ちになったから、高いホテルに泊まれるんじゃないのです。

自分の好みのホテルに泊まることで、それが〃あたりまえ〃の自分になる。

本当に自分の好みの空間を、少し怖くても選んでみることで、日常がガラリと変わっていきます。

最初は、「1泊5万円？　うわっ！」っとドキドキでした。

「大丈夫？　贅沢じゃない？」と、予約してからもザワザワでした。

「5万円あれば、焼肉4回行けるなぁ」なんてことも考えました。

それでも「体験してみたい♡」と決意して何日か滞在するうちに、知らない間にそれが自分の好みの日常に変化していったのです。

もしあなたが、「いつかお金に余裕ができたら、高級ホテルに泊まりたい」と考えているとしたら、「いつか」ではなく、今から少しずつ行動を起こしてみましょう。

絨毯や調度品の美しさ、リネン類の肌触り、バスルームの香り、部屋から見える景色、スマートなサービス……。

最初は背伸びだったとしても、やがて、そういうものすべての心地よさが日常になっていきます。

もし、本当にあなたの日常を変えたいと思うなら、まあこれでもいいや、と妥協せずに「本当の自分の好み」を見つけて、少しずつチャレンジしてみてください。

もしかしたら〝ホテル〟ではなく、食事や洋服や車かもしれませんが、無理をして大挑戦するのではなく、**ほんの少しドキドキするようなことから始めてみて**くださいね。

お金が循環する秘密

お財布を開いて支払うときに、レジの方から「あら、いい香りですね」と声をかけていただくことがよくあります。

実は、私のお札には、一枚一枚に香りのオイルを塗ってあるのです。

すると、お金を出すときまず自分がいい気分ですし、こんなふうに受け取る人にも喜んでもらえて、気持ちの良いエネルギーが循環します。

お金を払うこと自体が、恐怖や罪悪感ではなく、楽しい行為になるのです。

だから、「たくさん使って、たくさん戻ってくる」というプラスの循環が生まれるのだと思います。

もちろん、恐怖や罪悪感がある場合は、その感情をよく見ます。ごまかして使うのではありません。ごまかして使えば、恐怖や罪悪感は大きくなるだけです。

私の講座やセミナーに通ってくる生徒さんの中には、この香りのお札のことを知って「私の1万円札と交換してください」とおっしゃる方もいます。

お金がふんわりいい香りって、やはり気持ちが良いですよね。「お金が大好きです」と言える気持ちにもつながっていると思います。お金に感謝しながらいい香りを塗って、お金を使います。

みなさん、とても喜んでくださいます。

それに、「汚い」と毛嫌いされるより、こうして香りをつけて大切にされたほうが、お金だって嬉しいはずです。

私はほぼ毎日、お金に香りをつけ、「ありがとう」と愛でる時間を作っています。

もしあなたが、**お金と良い関係になりたいのであれば、ぜひお金を愛でる時間をつくってみて**ください。

そうすることで、「お金は汚い」「お金のことを考えるのはいやしい」などの感覚は薄れます。

こうしてお金を愛することで、お金からも愛される人になるのです。

また、おすすめしたいのは、年齢分の1万円札をお財布の中に入れておくことです。30歳なら30万円。怖いかもしれませんが、試してみてください。お金に対する思い込みや刷り込まれた感覚が変化します。

第2章のまとめ

- □ お金はそもそも、なくならない
- □ 節約が好みでないならやめる
- □ お金持ちは「お金持ちになる」と決めたから、そうなった
- □ 「愛さなければ、愛されない」のがお金のルール
- □ 好きなもの、ワクワクするものしか買わない
- □ 少しずつ、自分好みの空間を日常にしていく
- □ お財布に年齢と同じ数だけの1万円札を入れてみる

第3章

好きなことだけをしてザクザク稼ぐ

大好きなことを仕事にする

占い師になったばかりの最初の月の売上げは、約30万円ほどでした。

それが2か月目には70万円、3か月目には100万円とどんどん増えていきました。当時いただいていた料金は、1人30分で3千円ですから、決して単価が高かったわけではありません。

たった3か月で売上げが3倍にも伸びたのは、数多くのセッション（占い）をしたからです。朝の10時から夜は10時、11時まで。1日に20人もの人と会うこともざらでした。

それでも、つらくはありませんでした。

体は消耗し疲れるのですが、嬉しくて楽しくて仕方ないのです。夢中でタロットカードを引くうちに、「あら、もう夜？」という感じ。一歩も外へ出なくても平気でした。

そのときわかったのは、**私は本当にカードを引くのが好きだ**ということでした。カードを引くのは、神様やハイヤーセルフとつながる幸せな時間だからです。お一人お一人の「本当の自分」につながり、メッセージを受け取ることは、もちろん全員、その内容も違い、とてもおもしろくて、とても感動的でした。

好きなことには異常なまでの集中力を発揮します。「この方の悩みはどこからきているんだろう?」と徹底的に突きつめていくのも楽しくて、幼い頃からの直感も冴えわたりました。

もともと引きこもりですから、外へ出ない生活もむしろラッキーでした。**心の底から本当に「大好き」と自覚したことをやっていると、神様からどんどんサポートが入ります。**自分で何もしなくても、勝手に繁栄していくのです。

こうして私は、「苦労した」とか「苦しい」「しんどい」という自覚もまったくゼロで、ワクワクしながら豊かさを手に入れることができたのです。

大好きなことをやって生きる。

これが、神さまが与えてくれたキャラクターを活かす生き方です。

特に、**心地よさやワクワクの感性を大切にする女性は、こうした生き方をすることで、より自分らしく才能を開花することができる**はずです。


自分は何に向いているかわからない。

何をやったらいいかわからない。

今やっている仕事は、何か違う。

そんな人は、ぜひ、自分が生まれ持った資質に注目してください。

そこに必ず「あなたがやりたい大好きな仕事は何か」のヒントが隠されています。


ここで一つ覚えておいてほしいのは、すぐに職業に結びつくようなことだけが、才能ではないということです。

たとえば、先ほど書いた私の「引きこもり」という資質。

そんなの才能ですか？　と思うでしょう。

けれど、とにかくちょっとでも外出したい人から見れば、絶対真似のできない立派な能力です。私など夫から「よく、ずっと家にいられるね」と感心（あきれている？）されているくらいです。


「空想するのが好き」

「新しい何かを発見するのが好き」

「書くのが好き」

どんなことでも、魂が震えるほど「大好き」なら、それがあなたの才能なのです。

大好きなことがお金を連れてくる

大好きなことは、誰かに言われなくてもついやってしまうこと。永遠にやれること。

人から見たら「すごい！」とか「大変そう」と思われることでも、本人にとっては、好きで得意なことだからスイスイできる。

だから、「すごい！」の自覚もなければ、「大変」でもありません。

こんなふうに「大好き」のパワーでやった仕事には、ワクワクと高揚するエネルギーが詰まっています。仕方なくイヤイヤやった仕事が「並みレベル」なら、こちらは「神レベル」。人を感動させる力があるのです。

本当に本当に好きなことで、人が感動するくらいに神レベルでできることがあれば、お金を生み出すことができます。お金を増やす行動をとことんできるからです。

もし、今あなたが、「大好きなことをやっているのに、お金にならない」とぼやいているとしたら、本当は、それが好きじゃないのかもしれないし、行動が足りていないのかもしれません。

本当に好きなことは、お金がもらえなくてもやり続けられるからです。

バイトをしながらでも、楽しくて幸せでやめられないからです。

「本当に大好きなことでお金を稼ぐ」と決めていたら、**神様は繁栄するヒントをくれます。それをキャッチしましょう。**

でも、単なるヘタの横好きだったら？　才能がなかったら？

それが心配なら、勇気を出して世の中にさらしていくしかありません。

たとえば、絵や文章を書いているなら、ＳＮＳなどを使ってどんどん発信していきましょう。

才能があれば、世間はあなたを放っておきません。誰かが必ず見ていて、チャンスをくれるはずなのです。

トラウマもコンプレックスも才能！

ずっと目を背《そむ》けてきた、過去のネガティブな経験やコンプレックス。

そこに、あなたの好きなこと、得意なことが隠れている場合もあります。

私の場合なら、発達障害だった自分への苛立ち、霊感があったがための苦しみ、元・夫の借金返済にのたうちまわったこと。

いろいろな感情を味わったからこそ、今、いろいろな人の悩みを聞き、豊かで楽しい人生を目指すお手伝いをさせていただけているのだと思います。


また、私の大好きな友人のある男性は、子どもの頃、母親から壮絶な虐待を受け続けたというトラウマの持ち主です。

彼にとって母親の存在は、できれば消し去りたい過去でした。

ところが、大人になった彼が選んだのは、母から受け継いだ手先の器用さを活かした美容師という仕事。あれほど嫌っていた母親ですが、その人から生まれてくるのが、神様の筋書きだったのですね。

今、彼は、パリコレにも参加する世界的なヘアメイク・アーティストです。

母譲りの才能で、世界中の女性を美しく輝かせること。それが彼の願いです。

こんなふうに、**才能のタネはどこにあるかわかりません。**

たとえば、過去にうつ病を経験し、それを克服した人が、みんなの心を癒すセラピストという天職に出会うかもしれません。

太っているのがコンプレックスだった人は、本を書いてダイエット法を伝えるのが天職かもしれません。

「どうせ私には何もない」などと、あきらめないでください。

好きなことが見つからない本当の理由

好きなことを仕事にしたくても、何が好きかわからない。

そんな人が増えています。私のところにいらっしゃる相談者でも、10人中9人は、「好きなこと？　そうですねぇ………」と言ったまま押し黙ってしまいます。

なぜ、こうなってしまったのでしょう？


その原因の多くは、その人の考え方や生き方です。

本当の自分の感性に従って生きている人は、自分の好きなこと、嫌いなことがハッキリしています。しかし、**自分の感性で生きていない人は、自分の好き・キライがわかりません。**


どうしてわからなくなるのかと言えば、それは過去の刷りこみが影響しています。

幼い頃は、誰もが母親の庇護がないと生きられません。

ですから、みんなお母さんが大好きで、絶対的存在です。

また、小学校へ通う前は、先生や周りの子、世間の声もまだ耳に入りませんから、両親や、その他の家族の生き方、考え方、生活習慣がすべてです。


髪型はロングよりショートがかわいい。

女の子は、やっぱりズボンよりスカートでしょ。

お母さんの手作り以外のお菓子は食べちゃダメ。


などのお母さんや家族の好みや価値観が、脳に一つひとつ刷り込まれていくのです。


お母さんがそうだと言えば、「そうかなぁ。私は好きだけど」と内心思っても、なかなか口にできません。**大好きなお母さんに否定されたり、嫌われたり、がっかりされたりするのは悲しかったり、怖かったりするから**です。

こうして、たとえば、「白と黒、どっちが好き?」と聞かれても、「本当は『黒』なんだけど、お母さんは『白』かもしれないから『白』かな……」などと、自分の好き嫌いの感情が曖昧になったまま、大人になってしまった人がとても多いのです。

本来なら、14、15歳の頃、「反抗期」という名の、親離れのための通過儀礼を経験するはずです。

けれど、反抗期がなかった人がとても多いのです。

「本当は海外留学したい。でもお母さんが寂しがるからやめておく」
「本当は○○になりたい。でもお母さんが望むから教師になった」
「本当は自分の好きなことに時間を使いたい。でもお姉ちゃんだから妹や弟の面倒を見る」
「本当は○○君が好き。でも、お母さんが『一流企業のエリートじゃなきゃ幸せになれない』って言うからあきらめる」

こんなふうに自分の本当の気持ちを封印し、いつまでたっても、お母さんの顔色をうかがい、お母さんに気に入られるようなキャラを生きようとする人もかなりいます。

子どもは、お母さんのために生きています。

なので、自分の気持ちを封印してしまうのは、全然不思議なことではありません。

「私は、何が好きなのか、わからない」

その根底には、こうした理由が隠れている人もいるのです。

好きなことの見つけ方

では、どうしたらいいのでしょう？

最近では「親が諸悪の根源なのだから、そんな〝毒親〟とは縁を切りなさい」という考えもあるようですが、私の好みではありません。

やはり、親は、自分を産み育ててくれた大切な人。嫌いになったり、絶縁したりする必要はないと、私は思っています。

そうではなく、お母さんを大好きなまま、またはお母さんを嫌いであったとしても「お母さんはお母さんの人生」と決めれば楽になれるのです。

「お母さんはピンクが好きでいい。でも、私は青が好きなんだ」

そんな感性になれるのが一番です。

それでも、自分が何が好きかわからない、自分の好みを決めることができない人は、**まず日常生活のすべてのものが、自分の好みのものかどうか、一からすべてを見直してみましょう。**

ノート、ペン、マグカップ、トイレットペーパー、お茶碗、パジャマ、歯ブラシ、お布団、カバン、靴、洋服、髪型、お化粧、恋人、夫、家、車……。

これらがもし本当に好きなものでなかったら、それを捨てて、本当に好きなものにします。「どっちでもいいか…」や、「まあいいか…」ではなく「好き」を選ぶのです。「好き」なものを決めるのです。

すぐに買い換えられないものだったら「私は本当はこっちが好みなんだ！」ということをちゃんと知っておくのです。

そうやって、自分の好きばっかりの日常にすることから始めてみてください。

とはいえ、長年積もり積もった思考のクセを取りのぞくのは、なかなか時間がかかるのも確かです。

そこで、こんなワークをしてみてはいかがでしょう。

「インナーチャイルドワーク」といって、幼少期の自分の心を自分で癒やし、ありのままの自分を取り戻していくものです。

1週間続けるだけでも、驚くほど感覚の変化を感じるはずです。159〜170ページにそのやり方をご紹介しましたので、ぜひ試してみてください。

アイディアは自動的にひらめく

「占い師になる」と決めたとき、最初に私がしたのは、**友人や知人に「練習させてください」とお願いする**ことでした。

どんなビジネスであれ、まずお客様が来てくださらなければ、はじまりません。

ついこの間まで保険業というまったく畑違いの仕事をしていた私が、この世界で名前を売り、信用を得るためには、とにかく実際にセッションを受けてもらい、そして実力をつけていくしかないと思ったのです。

「練習させて」ではなく、ストレートに「占いをさせてください」というアピール方法もあったでしょう。ただ、それだと私のことを知らない人は、何か胡散《うさん》臭さや恐いイメージを抱くかもしれません。

でも、「練習させてください」なら、「これからがんばる人を応援してあげよう」

という人助けの感覚で来てくださる人がいるのではと考えたのです。

これは、**自分で考えたというより、「アイディアが湧いた、ひらめいた！」という感じでした。**

当時の私は、とにかく大好きなことを仕事にできる嬉しさでいっぱいでした。「一人でも多くの人に、ハイヤーセルフの声を伝えられたらいいな」と胸をワクワクさせていたところへ、突然、ポロッと「練習」という言葉がひらめいたのです。

これぞ、まさに〝神様のサイン〟です！

このように、「大好きなことを仕事にする」と決めると、さまざまな成功するためのアイディアを、サインやインスピレーションの形で神様から受け取れるようになります。

心の底から、本当の自分が「大好き」と自覚して決めたことは、宇宙や神様がどんどん力をくれます。人間の経験値や感覚をはるかに超えた宇宙の叡智から、最高のアイディアを用意してくれるのです。そして、繁栄するのです。

アイディアが浮かぶだけではありません。

なぜか無性にある場所へ行きたくなり、実際行ったらそこにヒントがあるかもしれません。たまたまある人に会いたくなり、会ったらその人が強力な助っ人になってくれるかもしれません。

ですから、**「これをやる」と決めたら、その方法は神様にゆだねる**こと。

何も心配しなくても、自動的に「何をすべきか」が見えてくるのです。

もし迷ったときは、早速「サユラカード」に聞いてみてください。必ず答えを教えてくれます。

さて、私の場合、結果的に、たくさんの方が練習台を名乗り出てくださいました。

そして、練習させてくださった方から、また練習させてくださる方をご紹介いただだく、という口コミ連鎖方式で、あっという間に100人、200人とお客様が増えていきました。

「練習させてほしいと言っている人がいるけど、あなたもどう?」と。

「練習」という言葉とともに、どんどん口コミが広がっていったのです。こうして、たった3か月で月商100万円を達成し、その売上はどんどん増えていきました。

大好きな人との出会いに感謝する

ビジネス系や心理・自己啓発系など、自分の興味のある分野のセミナーや講演に積極的に参加されている方も多いことでしょう。

多少お金がかかったとしても、そこは自己投資です。

何か有益なヒントをもらえることもあれば、いい仲間と出会うこともあるでしょう。講師の方とのご縁ができる可能性もあります。

参加したからには、何か一つでも手応えを感じて帰りたいものですね。

かく言う私も、自分自身がセミナーや講座を主宰する身でありながら、大好きな講師の方や本の著者の方と直接お会いできる場となると、極力出かけていくほうです。人づきあいがヘタで苦手なわりに、大好きな方への愛と好奇心は並々ならぬものがあるのです。

休憩時間やセミナー後には、必ずご挨拶に行き「好きです。すごく会いたかったんです！」と、思いを伝えます。

そして、たとえば相手が本の著者なら、「このくだりで涙がでました。ここに共感しました」などと、必ず何を感じたかを伝えるようにしています。お世辞などではなく、大好きな人の文章には本当に感じるものがたくさんあり、それを素直に伝えたいのです。

せっかく憧れの人、大好きな人と会えたら、小さなことでいいので、**「大好き」の気持ちを何か形に**してみてはいかがでしょう。

先ほどの話のように、本の感想を伝えるだけでもいいでしょう。

自分のブログで、その方の本を紹介するのもいいし、その方のブログをシェアしてたくさんの人に読んでもらうのもワクワクします。

そうすることで相手にも喜ばれ、自分自身の魂の喜びにもつながるのです。

大好きな上司を出世させる

大好きで尊敬する講師や作家の先生とご縁ができたときは、その方の本を100冊、150冊とまとめて購入し、許可をいただいて、自分のセミナーなどで販売させてもらうこともあります。

私の地元・石川県で、その方のセミナーや講演会を企画することもあります。

また、好きだと思う商品は仕入れて、自分のネットショップで販売しちゃいます。

自分が好きな人やもの、いいと思ったことは人にどんどん紹介したくなるのが私の性分。地元の大好きな居酒屋さんなども、大繁盛させたい‼と思ってしまうのです。

SNSでどんどん宣伝したり、クチコミで広げたり、旅行で石川県に来るという人がいれば真っ先におすすめします。

単なるお節介かもしれません。でも、自分が惚れ込んだ人やものを一人でもたくさんの人に伝えて喜んでもらうのが、とにかく嬉しいのです。

手間だとか面倒だなどと思うことは一度もありません。

好きな人・好きな商品のためならがんばれてしまう。

それは、会社の仕事でも同じではないですか？

あなたが大好きで尊敬する上司や先輩、同僚や後輩がいたら、その人を出世させるつもりで仕事をしてみてはいかがでしょう。

自分のモチベーションも上がるし、何より好きな人のためだから楽しく働けて成果も上がります。

そうすると、**大好きな人を応援しながら、必ず自分も繁栄します。**こんな素晴らしいことはありません。

絶対的に自信がある
サービスや商品を提供する

損害保険会社の代理店をやっていたときは、営業時間外にかかってきた電話はすべて、私や社員の携帯電話に転送されるようにしていました。

交通事故や火災は、いつ起きるかわかりません。

お客様が困ったときは、たとえお盆でもお正月でも24時間365日電話を受け、お客様に会い、事故現場へも行きました。手紙を書き、家を訪ね、時間を使いました。

それが私の方針だったのです。

なぜなら、私がお客様の立場だったら、そうしてほしいと思ったから。

それが、私の好みだったから。

「何が正しいのか？」ではなく、私がやりたいこと、そして思ったことをやったのです。

ただし、親会社からはあまりいい顔をされませんでした。当時はすでにフリーダイヤルの事故受付を通してシステマチックに対応するのが常識の時代。私のような昔ながらの義理人情第一のやり方は、コストもかかるし非合理だとされたのです。

けれど、お客様の立場に立てば、突然の事故のショックで気が動転しているこんなときこそ、よく知っている誰かにいてほしいものです。

直接顔を見て話して、一緒にそばにいてもらえたら、どんなに安心かと思ったのです。

だから私は、何を言われても、このやり方を変えませんでした。

今思えば、親会社は私たちの仕事量を減らしてくれようとした対策だったのでしょう。でも、お客様最優先にしたかった私には、事故現場で不安な気持ちのお客様にフリーダイヤルに事故報告してもらったり、自分の代理店が、夜間や休日に留守番電話になってしまうことが、耐えられなかったのです。

親会社のやり方を推進することが、支社長や私の担当にも求められていたようですが、当時の支社長も私の担当も、効率化とは正反対の私のやり方を貫かせてくれました。だから私は、この支社長や私の担当の社員を絶対に出世させたい!!と思いました。当時の私の代理店の社員たちも、私の望み、やり方についてきてくれました。

また、事故後の対応がすぐできるように、信頼できる自動車屋や住宅の修理会社や販売ディーラー、弁護士さんなどとも普段からいいおつき合いを心がけていました。そうすることで、お客様にも喜んでいただけるし、それぞれの会社にも仕事が回って感謝されるのです。

結果的に、こうした仕事のやり方が功を奏して、**私の代理店はどんどん売上げを伸ばしていきました。**

数年後、私のやり方を貫かせてくれた支社長も私の担当も、出世し、東京本社へ異動していきました。彼らの異動はとても淋しかったのですが、自分のことのように嬉しかったのを覚えています。

自分が信じる方法があるなら、自分の好みのやり方を貫いてみればいいのです。それが正解かどうかを気にするのではなく、自分が本当に「これだ！」と思って実行・行動するとき、神様にはその願いが届きます。あとは自分と神様を信じて進むのみ。

そうすれば、思いもかけないことが現実になります。

私の場合は、「人」という、絶大な応援を手に入れました。

どんな仕事も、基本は、絶対的に自信があるサービス・大好きな商品を提供すること、喜んでもらうことです。

いかに喜びのエネルギーを循環させていくか。

それが豊かさを引き寄せるコツなのです。

第3章のまとめ

□「大好きなこと」は何時間やっても疲れないこと
□「大好きなこと」をやっていると神様からサポートがある
□自分の感性に従って生きる
□やると決めたら方法は神様にゆだねる
□「大好き」は、形にして伝える
□何が正しいのかではなく、何が好みかを考える

第4章

運命の人を引き寄せる魔法のルール

受け取り上手は、恋愛上手

いつも恋人がいる人と、「彼氏いない歴○年です」を更新し続ける人。

何が違うのでしょう？ 容姿、スタイル、ファッションセンス、料理の腕前……そんなものは、実は関係ありません。

たった一つ違うのは、感情のブレーキがあるかどうかです。

お金を怖がっていれば入ってこないのと同じで、**恋愛も怖がって気持ちにブレーキをかけていれば、相手の好意や愛情を受け取れません。**

恋愛とお金の問題は、驚くほど似ているのです。

・お金が怖い→恋愛が怖い
・お金は裏切る→愛は裏切る

・お金を手に入れるのは難しい→愛を手に入れるのは難しい
・どうせ私はお金持ちになれない→どうせ私は愛されない

こんな思い込みで、お金も愛も、自ら受け取り拒否している人はいませんか？

お金持ちになるコツは、お金を大好きになることでした。

恋愛も、相手がどんな男性であれ、目が合えばついニッコリしてしまうくらいの、いい意味での〝恋愛上手〟になりましょう♡

怖がっていてもはじまりません。

まずは「恋愛する！」「人を好きになる！」と決めましょう。

受け取る強さができれば、モテオーラも全開。ついでにお金もざくざく手に入れられるはずです。

嫌われたって大丈夫

人づきあいが苦手だった私は、小学校から大学まで、あまり学校へ行っていませんでした。

一人だけ小・中・高と一緒だった子がいたのですが、大人になって会ったとき「えー。高校、同じだったっけ？」と言われました。向こうは、覚えてもいなかったんですね。

まあ、そのくらいですから、「人とは関われない」ということです。

こんな私が、今、いろいろな方と仕事やプライベートでいい人間関係を持てているのは、自己分析すれば、「好き」のパワーが人一倍強いからではないかと思っています。

恋愛もそうですが、「この人、好き！」となれば、もう一直線。

たとえ相手がどんな地位や肩書きのある方でも、臆さず自分から飛び込んでいってしまうようなところがあります。

ときには「ちょっともう、惚れ過ぎだから」とあきれられることもありますが、結果的には、かわいがっていただくことが多いのです。

なぜ、私がこうなれるのか?

それは、**「もし嫌われたとしても、そのときは仕方ない」**と思っているからです。

多くの人は、

「声をかけたら失礼じゃないか」

「迷惑じゃないかしら」

「嫌われたらどうしよう……」

と、なかなか相手に一歩踏み込むことができません。

でも、私にはその「どうしよう……」がないのが強み。

それよりも、

「もっと話してみたい」

「もっと仲良くなりたい」

「相手の考えをもっと知りたい」

「一緒に何かをしてみたい」

という自分の「好き」を大切にしています。


実際嫌われたら、「失礼しました!!」と立ち去ればいいだけで、**嫌われたこと自体にはフォーカスしない**のです。

人には2―6―2の法則があります。
〝人は、何もしなくても2割の人には好かれる
人は、何をしなくても2割の人には嫌われる
そして6割の人にはどちらでもない〟
というものです。
嫌われることは嬉しいことではありませんが、何をしても嫌われることもある、ということです。

嫌われ慣れろ、とは言いません。
でも、嫌われることにあまり敏感になり過ぎないようにしたいものです。
あなたを嫌う人とは、もう二度と会わないのだから気にしない。
それより、大好きな人を大切にしたほうが、ずっと幸せだと思いませんか？

「興味があります」サインをビュンビュン飛ばす

恋愛初心者からの相談で多いのが、せっかく合コンやお見合いパーティーに参加したのに、「自分から声をかけられませんでした」というものです。

「だって、断られたら恥ずかしいし……」

えっ⁉　みなさん、もしや最初から「つき合ってください」とお願いしようとしていますか？　違いますよね。

声をかけるといっても、最初は「どんなお仕事ですか？」や、「週末は何をしているんですか？」くらいではないですか？

だったら、断られるも何もありません。堂々と声をかけて大丈夫。いえ、絶対に声をかけなくちゃ、何もはじまりません♡

なぜなら、よほど女性に慣れている場合以外、待っていても、なかなか男性のほうから近づいてきてくれないからです。

男性は、女性以上に臆病で、恥をかくのを嫌います。

意外かもしれませんが、〝当たって砕けろ〟精神があるのは、ほんの一握り。

たいていの男性は、「彼女なら絶対に断らないはず」という確信が持てるまでは行動に移せないのです。

ですから、**まずこちらから、「あなたに興味がありますよ」のサインをビュンビュン飛ばす**ことが大切です。


こうしてきっかけをつくってあげることで、男性は、ようやく安心してあなたとの距離を縮められるのです。

距離が縮まれば、「LINE交換しませんか?」や「二次会行きませんか?」の誘い文句を、男性のほうから言いやすくなります。

誘いやすくしてあげてくださいね。

最低10回は会わなくちゃ！

「サユラさん、聞いてください。もう全然ピンとくる人がいないんですよぉ」

合コンやお見合いパーティーに参加した人から、よくそんなグチを聞きます。

そこで、あえて断言させてください。

「一度会っただけでピンとこようとしてたの？　それ、絶対ムリ！」と。


そもそもそういう出逢いの場では、女性は、いつもは着ない洋服、気合いの入ったメイクや髪型で、全体的に自分を盛るものです。

ということは、相手の男性だって同じです。ステキに見えても、それは本来のその人じゃなく、きれいにラッピングされたよそ行きの姿。

それを見てピンときたところで、実はそんなものはまったくあてになりません。

それに、**人間の本質は、やっぱり何度か会って話してやっと見えてくるもの**です。

最初からピンときたとしたら、逆にそれは何かの勘違いかもしれません。

つまり、残念ながら、一回目からピンとくるのを待っていると、出会いは永遠にないということです。


最初は、「ん？」となった程度でいいんです。

そのちょっと〝かすった〟感じがした人と、次にまた会う約束をしてください。

一人に決めず、三人でも四人でもＯＫです。


二度会っても、三度会っても、やっぱりときめかない？

そんなものです。「もう気持ち悪くて一緒に食事できません」以外は、次、また会いましょう。

私がいつもおすすめするのは、最低10回は会うことです。

ノルマだと思って、「正」の字でも書いてがんばりましょう。


「なぜ、そこまでするの？」とお思いですか？

学生時代、同級生の彼を好きになった日のことを思い出してください。

最初に同じクラスになったときの印象は、なんかダサかった。

体育の授業でも運動神経ゼロで、カッコ悪ッ。

でも、数学だけはバリバリできて天才っぽくて、ちょっといいかも……。

たとえばですが、こうなるまでに、だいたい3か月はかかりませんでしたか？

30日×3か月、つまり「90日間、会いました」ということです。

週一回のデートなら、1か月で4回。学生時代のように90日会おうと思うと、22・5か月、なんと2年近くかかることになります。


恋愛って、そんなものだと思うのです。

ですから、社内恋愛でもない限り、自分で努力して会う回数を重ねていかないと。

10回でも少ないくらいです。

10回目でやっと「この人、気が合うなぁ」と実感することもあるのです。

私のところへ相談に来た方は、この方法で何人も結婚していきました。


私と、私の今の夫も、初めて出会ったときは本当に「ん?」ぐらいだったんです

よ！ でも、その次も、その次も、会い続けていたら、その後一気に「結婚」ということになりました♡

合コンへ行ったけど、全員イマイチ、かすりもしない……。

そんなときは、「サユラカード」をつかって、ハイヤーセルフに聞いてみるのもい

いでしょう。

たとえば「Aさん？」「Bさん？」「Cさん？」と聞いたら、Aさんに「○」。

「えーーー、一番ありえないんですけど！」

でも、とにかくアドバイス通り、Aさんと10回会ってみてください。

ハイヤーセルフの「OK」は、驚きの結末が待っていますよ♡

つらい恋とスッパリ縁を切る方法

不倫の恋や、ＤＶ男との腐れ縁、つい男性に貢いでしまうクセ。

これじゃいけない……、でも、やっぱり好き。

そんなスパイラルにハマッている人はいませんか？

どんな恋も、好みなので、善悪はないと思います。

でも、本当はつらくて、悲しいのだとしたら……。

魂は経験を喜んでいるのですが、そんな自分と縁を切りたいのなら、やはりなんとかしたいですね。


ぜひ実践してほしいのが、自分の本当の気持ちを見つめることです。

感情がグルグル揺れたり迷ったりしているときに、とかくヘンなポジティブシンキングで感情にふたをしてしまいがちです。

「大丈夫、大丈夫」

「私、全然気にしてないし、毎日楽しいし」などと。

でも、**そうやって感情をごまかしているうちに、出口が見つからなくなってしまいます。**


ノートに今の気持ちを一つひとつ書いていきましょう。


なぜ彼が好きなの？

彼の嫌なところはどこ？

嫌なのに、嫌だと言えないのはなぜ？

どうしてそれを受け入れているの？

受け入れないとどうなる？

本当はどうしたい？

本当はどうしてほしかった？

彼じゃないとダメ？

私じゃないとダメ？

本当は私は何を望んでいる？
と、とことん自分の気持ちを聞いてあげてください。

頭で考えているだけだとモヤモヤしていた感情も、こうして書くことで整理され、自分を客観的に見つめられるようになります。

最終的に彼に執着する本当の理由がわかるはずです。

別れられないのは、それが原因です。それがわかれば、そのままの自分が良いか、それとも新しい道へ進むか、決めることができます。

そして、それでもやっぱりどんな彼でも私は愛しているんだということがわかったときも、新しい道が拓《ひら》けていきます。ともかく答えはすべて自分の中にあります。彼ではなく、自分に集中してよく見てくださいね。

なぜあの人を大嫌いになってしまうのか？

あの人の言葉に、いちいち何かが引っかかる。

なんだかわからないけれどカチンとくる、ムカッとする。

そんな経験はありませんか？


私のセッションにやってきたある女性にとって、そのムカつく相手は上司でした。

「がんばっているのに、怒られてばかり。私を全然認めてくれないんです。もう顔を見るのも嫌で、出社拒否症になりそうです」

聞けば、その上司、社内のほかのみんなには評判がいいのだそう。

では、なぜ彼女だけに？


実は、**そうなる原因は、相手というより自分自身の感情にあります。**

決して彼女が悪いということではありません。

多分、というか、ほぼ100%の確率で、その上司は、彼女の両親のどちらかと似ているのだと思います。

「もっとがんばれ」

「もっと早くやりなさい」

「ちゃんとやって」

「何をやらせてもおまえはダメだな」

「何回言わせたら気がすむんだ」

上司のそんなセリフが、**幼い頃から親に言われ続けて傷ついた言葉の記憶と合致**するのです。

こうした記憶は、生まれてから6歳までの間に、「悲しいこと、つらいこと」として脳に刻み込まれたもので、何もないときは忘れています。

けれど、上司のセリフを聞いたとたん、無意識のうちにカチッと反応してしまう。

それが彼女の心にズキッとくるわけです。

同じ言葉を言われても、幼い頃にそうした傷を受けていない人にとっては、単なる上司の叱責の一つに過ぎません。
「しまった、怒られちゃった」くらいにサラリと受けとめ、「いつも私だけが怒られている」とは感じないものです。

上司に限らず、友人や恋人から言われたひと言に過剰に反応してしまう。
なぜか許せなくて、イライラ、ムカムカ、怒りがくすぶってしまう。
そんな場合も、6歳までのあなたの心の傷がそうさせているのかもしれません。
それに気づいただけでも、心が少し楽になるはずです。

また後でご紹介する、6歳までの自分を癒やすインナーチャイルドワーク（159～170ページ）もぜひやってみてください。

相手を変えることはできません。でも、自分を癒やすことで、相手はそのままでも存在が気にならなくなります。そうなったら日々がとても楽になります。

憎まれ役の「魂の仲間」は大切な存在

「運命の人に会えるでしょうか?」

よく、そんな質問をされます。

でも、今世であなたが出会う人は、ほぼ100%、同じ「魂の壷」からやってきた魂の仲間の一員です。あえて誰か一人を探さなくても、あなたとかかわりのある人はみんな魂の仲間なのです。

「魂の仲間なのに、なぜ、夫とはケンカばかりで、母とは絶縁状態なの?」

そんな疑問を持つ人もいるでしょうが、こういう場合、そのご主人やお母さんは、**「今世、あなたに憎まれる」という役目を背負ってわざわざ生まれてきた**といわれています。

人は生まれ変わってくる前に、魂の壺の仲間同士で、次の世へ生まれていくときの役柄を相談し合います。

じゃあ私はあなたの娘になって生まれ、あなたの奥さんになり、あなたの母親になって……、というようにです。

そのときに、**私が人間界で最高の経験をするために、私に強烈に恨まれる、私を強烈に傷つける役の人間になる魂を決めます**。

その役の魂は、私にものすごく嫌われます。

殺してやりたい、死んでほしいと思われるかもしれません。

だから、誰もその役はやりたくないのですが、生まれ変わりの中で私のことを本当に愛してくれた人たちが、その恨まれ役を引き受けてくれます。

私の場合は、別れた元・夫がそうだったのですが、魂の話し合いの中で、それを決めたとき、私は「どうしてそんな憎まれ役を引き受けてくれるの？」と元・夫に聞きます。

すると、元・夫の魂は「君にとって大切な最高の経験をするためだったら、ボクがその役を引き受けるよ。なぜならボクは君をとても愛しているから。だから嫌われてもいいんだ、生まれ変わってもボクが君を本当に愛したことを忘れないで」

と答えるのです。


今世、自分を一番に苦しめたり、悲しませたりする人は、そういう存在なのです。

だからと言って、無理矢理許そうとする必要はありません。人生の中で許しや感謝を感じるときは、必ず訪れます。


今世ではご主人は最低な夫かもしれませんが、来世では優しい兄となってあなたの前に現れるかもしれません。

こうして、その人生、人生で、まるで劇団のように役を交代しながら、お互いの魂を磨き合うのが魂の壺の仲間です。

「運命の人」は探さなくても必ず会える

この世で人間の姿を借りたとたん、ほとんどの人は前世の記憶をなくしてしまいます。

だから、たまたま新幹線で隣り合わせたイケメンが、同じ魂の仲間かどうか、それはわかりません。

本当にご縁のある人なら、何かしらのサインがあり、つながっていきます。**会うべき人とはちゃんと会うことになっていますので、がんばって運命の人を探す必要はない**ということです。

その一例が、私と今の夫との出会いです。

今の夫とは、私が週3回は通っていた居酒屋さんのカウンターで会いました。

最初の印象は「無愛想な人」。

向こうの印象は「よく飲み、よく食べる女」（笑）

そのときは、夫が無愛想すぎて、全然盛り上がりませんでした。まさにピンとこなかったのです！

仲良くなったのは、同じお店で2回目に偶然会ったときでした。

無愛想な顔を覚えていたので、「こんにちは」と声をかけたのがきっかけで、カウンターに並んで座りました。

すると、スイッチが突然パチンと入ったように、一つの情景がバーンと見えたのです。私には時々こういうことがあります。

それは、隣りに座った彼と、夫婦だった前世のビジョンでした。

着流し姿で、腰にぶら下げた長い刀をズルズル引きずるようにして歩く夫は、どうやら、誰かから命を受けて人を殺す仕事人のようでした。

そして、私はその妻。

その時代の自分の感情が、ばーっと込み上げてきて、つらくて泣きそうな気持ちになりびっくりしました。

「えー、私、この人と今世でまた結婚するのかな？　まさかね」

そのまさかが、本当になったというわけです。

後でわかったのですが、実は夫も前世が見える人でした。

そのとき同じ情景を見ていたというのです。

今世の夫はいつも優しく穏やかで、前世の危ういイメージはまったくありません。

でも、時々、前世の自分が人を殺めたときの、たまらなく嫌な気持ちだけがふとよみがえることがあるそうです。

私は私で、いつも夜中に出かけて明け方疲れきって帰ってくる夫を待つ、なんともいえない不安な気持ちを覚えています。

「今日は帰ってくるかなぁ」と心配で眠れない日々を過ごし、ある日、本当に夫は帰ってこなくなる……。

突然その感覚を思い出し、涙がワーッとあふれてきたこともありました。

このように、**前世のことはすっかり忘れていても、魂に記憶が刻まれていることはよくあります**。

こんな経験はありませんか?

たとえば海外旅行に出かけたとき、ふと懐かしい気持ちになったこと。ある場所へ行くと、とても落ちつく感じがすること。逆に、わけもなく怖くて不安になるところ。

もしかすると、それがあなたの、前世の記憶の一部なのかもしれません。

また、なぜか医療に関心があるとか、むしょうに農業に引かれるなどの思いは、前世で体験した職業の記憶かもしれません。

こんなときも「サユラカード」に聞いて、確かめることができますよ。

シンクロニシティを大切にする

人との出会いには様々なものがあります。

10回会ってみないと人の本質はわからないと書きましたが、神様はときにシンクロニシティによって、素晴らしいものを与えてくれます。

たとえば、こんなことがありました。

私の今の家を購入したときのことです。

そのときの私の願いは、「自分の家でセッションをしたい、セミナーもしたい、つまり家にセッションルームとセミナールームがほしい」というものでした。

車での移動が基本の石川県の自宅です。セッションやセミナーにやってくるみなさんは車で来る場合がほとんどなので、駐車場は最低でも8台分、その上にうちの車が2台、合計10台分は必要です。

そして2階より上に私たちの住居。大きいリビング、大きいキッチン、大きいお風呂、夫婦の部屋、子どもの部屋がほしい—！

そんな願いだったんです。


ある日、「探そう！」と思い立ち、不動産情報を物色しました。そこで3軒の不動産屋さんに出会います。

「ピンとくる」「こない」というのがありますが、その出会った不動産屋さんの中で一番「ピンときた！」若い会社にお世話になることにしました。

それは、担当してくれた大久保くんという人に、**私たち夫婦とのシンクロがたくさんあった**からです。


たとえば、はじめて1軒目の家を内見した日の、彼のバシッと決めていたスーツ、黒のRV車、それらが私たちととても好みが合っていました。

また、彼の実家と私の実家は近所で、小・中が私と同じ学校！

彼の会社が、私が世界一気に入っている飲食店の目の前！

夫がプロ級のゴルフに、大久保くんもまた、ハマっていた！

などなど、話が本当に合いました。

だから自然に「彼から買いたい」と思うようになったのです。

私が望んでいる条件の家を土地から準備すると、かなりの予算になるので、中古物件で探してとお願いしていました。

一般的に、そんな難しい条件の家はすぐ見つかるものではないようなのですが、でも、見つかったんです。探しはじめたら本当にすぐに！

信じられないと思いました。大久保くんと神様に本当に感謝しました。

神様はいろんなシンクロニシティを起こして、サインを送ってきています。それを見逃すことなく、拾っていくのです。

神様を信じてゆだねてみてください。

ミラクルがすぐに起こります。

第4章のまとめ

□ モテる人は、たくさんの人を好きになれる人

□ 自分から相手の懐に飛び込んでいく

□ 最初から「ピンとくる」恋なんてめったにない

□ 気持ちを見つめ、ノートに書き記す

□ なぜかムカッとする相手とは、「何か」ある

□ 今世でご縁のある人は、みんな魂の仲間

第5章

ほんの一瞬で自分を変える法

「がんばる理由」に気づけば、楽になる

がんばることは、決して悪いことではありません。

ただ、**「がんばる→○」「がんばらない→×」とジャッジすると、それに自分自身が縛られ、生きづらくなってしまう**こともあります。

昔の私がそうでした。


「なぜ、あんなにがんばったんだろう？」

と、考えていたら、あるときフッと母と祖母の顔が浮かびました。

祖母は父のお母さん。母にとっては姑です。

私の家族は、私以外はエリート揃いでした。

医者だった父は子どもの頃から頭がよく、私の兄も父の血を引き秀才でした。祖母にとっては、自慢の息子と孫です。

そこへ生まれてきたのが、できの悪い私です。

母は肩身の狭い思いをしたようです。

私は子どもも心に、母と祖母の緊張関係をなんとなく感じとっていました。

その原因が自分だということも察していました。


そこまで思い出して、**突然、自分ががんばる理由に気づいた**のです。

母は、いつもつきっきりで私の面倒を見てくれました。

学校へ行かない問題児だったのですが、母は私をかばってくれました。無理に学校に行かせようともしませんでした。

私はそんな母が大好きでした。

その大好きな母を悲しませているのは、私。

祖母のことも大好きでした。その祖母に負い目を感じさせているのも、私のせい。

だから、私ががんばってなんとかしなきゃ！


そう。私のがんばり症の根っ子はそこにあったんですね。

そういえば、ずっと誰かに「〜してほしい」のお願い事が言えませんでした。いつも「私がなんとかしなきゃ！」で、人に頼ったり甘えたりするのがヘタでした。

みなさんの中にも、そんな人はいませんか？

・だらだらユルユルすることに罪悪感
・「できません」が言えない
・サボっている人を見ると「許せない」とイライラする
・誰かに迷惑をかけるより、自分が損したほうがましだと思う
・弱音を吐けない

これではいつも気持ちが緊張していて疲れます。

最近では過労自殺や過労うつがニュースにもなります。がんばり過ぎると、精神がパンクしてしまうこともあるのです。

過去のページを一枚一枚めくると、あなたが〝そうなった理由〟が出てきて「もしかすると、これ？」と思い当たるだけで肩の力が抜けて、がんばる自分を手放せるよ

うになるかもしれません。

思い当たることが出てきたら、**そのままの自分でいるか、それとも新しい自分になるか、を選べます。**

私もまだまだがんばってしまうところがあります。

でも、以前に比べればずっと楽になりました。

誰にも頼らず一人でがんばるより、まわりの人に助けられ、力を貸してもらいながら生きるほうが自分の可能性が広がることを実感しています。

悩みも不安も解消！ ノート活用法

第2章に、お金の不安をノートに書いて解消する方法を書きました。

ノートを活用できるのは、お金の不安に限りません。

人間関係の悩み、性格の謎、正体のわからないイライラ、モヤモヤ……など、どんなことでもOKです。

前ページのように「がんばる理由」を知りたいときも、まず書いてみるのがおすすめです。

「そういえば、あのとき○○さんのあのひと言に傷ついたんだっけ」
「ささいな問題なのに、なぜ、あのときあんなに腹が立ったんだろう」

など、書くことで、自分を見つめる糸口が見つかるからです。

ノートに書くことの最大の利点は、そんなふうに自分を客観視できることです。

客観視とは第三者目線で自分の感情を冷静に見つめること。

たとえば、恋愛の悩みでも、「自分のことはわからなくても、友だちのことならよくわかる」などという経験はありませんか？

「そんなこと言ったら、そりゃあ彼氏だって怒るよ」

「えー、そうかなぁ？」

「そうだよ。あたりまえでしょ」

といったように。

第三者目線が役立つ理屈は、それと同じ。

書くことで、**〝本当の自分〟（ハイヤーセルフ）と肉体の自分が会話できます。**また、**感情を吐き出すことで本当の自分の願いに気づく**ことができます。

書くうちに解決策に気づくこともあります。それまで知らなかった自分を発見したりします。

ぜひ手元にノートを一冊ご用意ください。

「どうせ私なんか」の感情を仕分ける

「○○ちゃんはいいな、海外旅行に行けて。それに比べてどうせ私は、お金もないしひまもないし……」

こんなふうに「どうせ私は」のひと言で、簡単に、やりたいことや夢をあきらめてしまうことはありませんか？

「どうせ私は美人じゃないし……」

「どうせ私は学歴がないし……」

など、その「どうせ」の中身は、本当でしょうか？

ここで早速ノートの登場です。

たとえば、「どうせ私は海外旅行なんか行けない」というあなた。

ノートに今の気持ちを書いてみましょう。

「だって、お金がないし」

「ほんとに？　定期預金があるよね」

「あっ、でも子どもも小さいし、私だけ出かけるなんてやっぱりムリ」

「旦那さんにお願いすればいいじゃん」

「でも、仕事あるし」

「こどもは保育園に預けるからいいんじゃない？」

「だけど、うちの旦那さん、保育園の送り迎えなんか嫌がるし」

「そうかな？　聞いてみた？」

「いや、聞いてないけど……」


こんなふうに、自分で自分と対話しながら細かく自分の感情を見ていくうちに、「**どうせ私は……」の中身は、たいてい言い訳だということに気づく**はずです。

いくらお金がなくても、本当に海外旅行に行きたければ、今の例のように、定期預金があったり、クレジットカードで旅行代金を分割して支払う方法もあったりします。

行こうと思えば、行けるのです。

「行けない」ではなく「行かない」と決めているということに、気づくでしょう。

人間の脳は、最初からネガティブな方向に注目しやすくできています。

それは、たとえば「お米がもうない」とか、「この先は断崖絶壁で道路がない」など、「ない」ものに反応しないと、命の危機に陥る可能性があるからです。

ですから、感情も、脳内に置いたままだとどんどんマイナス方向の勘違いや妄想に走りやすいのです。

よくある例が、「彼からメールの返事がこない」→「私のこと嫌いになった？」→「浮気してるね？」→「最初から、私のこと遊びだったんだ！」などという極端な発想。これも脳の暴走です。

こうした勘違いを防げるのも、ノートに書くといい利点なんですね。

「どうせ私は……」のネガティブな思いも、書いてきちんと仕分けていきましょう。

「どうせ」をやめれば、あなたの今も未来も、もっと幸せです。

あなたの心の「内なる子ども」が泣いていませんか？

私のセッションやセミナーを受けにきてくださる方の中には、「死にたい」「消えてしまいたい」という深刻な悩みを抱えている人も少なくありません。

悩みの原因は、恋愛や夫婦関係がうまくいかない、子どもを愛せない、お金がない、自分に自信がもてない……など、いろいろです。

ただ、同じ悩みでも、そこまで思い詰める人と、そうでない人がいます。

「死にたい」という言葉が出る人は、表面にあらわれている悩みの奥深くに、必ずもっと根源的な原因が隠されています。

その原因となると言われているのが、**0歳〜6歳までにつくられた脳の記憶**です。

まず生まれてから3歳までを見てみましょう。

この時期は、おっぱい、おむつ、お風呂……と、すべては母親頼みです。

お母さんに大切にされ、お世話されなければ、子どもは生きていけません。

ここでお母さんとの愛着関係をしっかり築くと、その記憶や感覚は、脳の中の「脳幹」という場所に刻まれていきます（※心理学の世界では、子が母に対して抱く愛情の絆を「愛着」と呼び、愛着の形成には0～3歳頃にお母さんに抱っこされたり、おっぱいをもらうなどが大切とされています）。

ちょっとむずかしいですが、脳幹というのは、心臓を動かし、血液や体温の調整をしてくれる、私たちの生存にかかわる部分です。

そのため、**脳幹に愛された記憶が刻まれていれば、「私は生きていいんだ」という命や人生に対する安心感や肯定感をもつ**ことができるのです。

逆に、この時期に満足におっぱいや食べ物を与えられなかったり、十分にお世話をしてもらえなかったり、「生存の危機」を感じた場合は、そのネガティブな情報が脳幹に書き込まれます。その結果、
私は生まれてきてはいけない人間なんじゃないか。
生きる価値がない人間なんじゃないか。

どうせ誰にも必要とされないんだ。

など、自分自身を否定するような思いを心の底にもってしまうのです。

「死にたい」「消えたい」という人のほとんどが、この後者のパターンです。

「実は、ネグレクト（育児放棄）されていました」

「『おまえなんか生まなきゃよかった』と言われ続けてきました」

セッションを通じてそんな心の闇が明らかになり、号泣する人もいます。

4～6歳は感情が育つ時期

次に4歳から6歳までの3年間を見てみましょう。

この時期は、もうすっかり言葉も覚え、お母さんとあれこれ会話ができるようになります。

「あのね。ママ、聞いて。今日幼稚園でね……」

「そう。よかったね、えらかったね」

と、お母さんに話を聞いてもらったり、ほめられたりするのは、子どもにとって何より嬉しいこと。

子どもはお母さんが大好きで、お母さんに「いつも笑っていてほしい」「もっと愛されたい」と思っています。

泣いたり笑ったり怒ったりと、子どもの感情が育つのはこの3年間です。

０～３歳の記憶と４～６歳の記憶が刻まれる場所

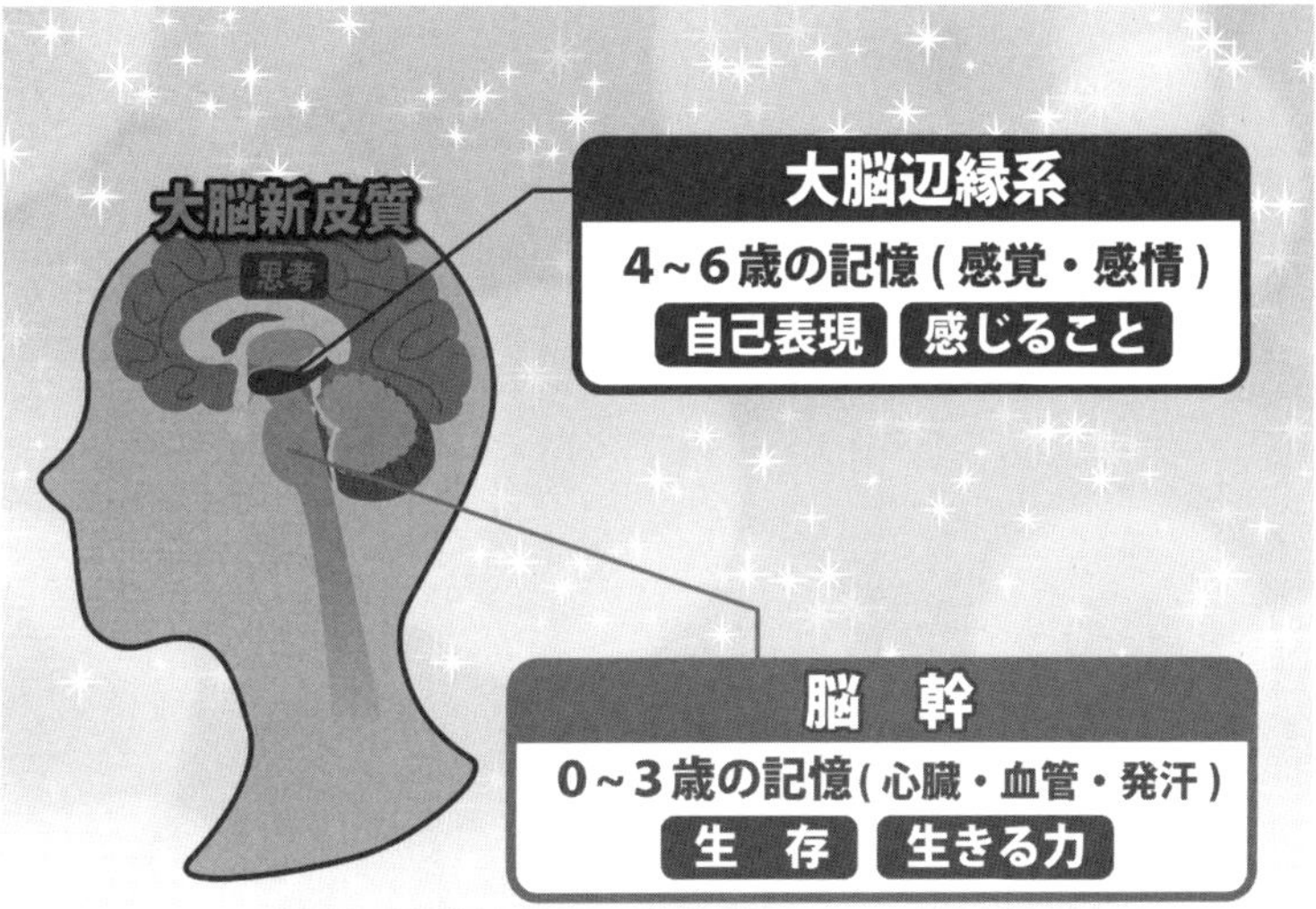

けれどこのとき、お母さんが「あれはダメ、こうすべき」と子どもをコントロールしてばかりだと、子どもは大好きなお母さんに嫌われたくなくて、自分の感情を押し殺すようになってしまいます。

この時期の記憶は、大脳《だいのう》辺縁系《へんえんけい》といって、脳の中の感情や感覚をつかさどる部分に刻まれますが、このように抑圧された記憶がここに積み重なると、大人になっても、**泣けない、笑えない、怒ることができないなど、自分の感情がうまく表現できなくなってしまう**のです。

第3章に書いた、「好きなことがわからない」という人の中には、この時期の記憶が原因という人も多くいます。

また、醜形恐怖症といって、極端に自分の容姿にコンプレックスをもち、整形手術をくり返してしまうような人もこの頃の記憶が原因である人が多いと言われています。

「誰に似たんだか、おまえは全然かわいくない」

「お姉ちゃんは美人なのに、あなたは……」

などと言われ続けた幼少期の記憶が根強く残っていて、「こんな自分じゃ誰にも愛されない」と思い込んでしまうのです。
そのほか、こんな悩みも、幼少期の体験が原因かもしれません。

・何をするのも面倒くさい
・やりたいことが何もない
・好きな異性ができない
・人を信じられない
・誰からも認められない気がする
・なんとなく人生に行き詰まっている
・気をつかい過ぎて、人づきあいに疲れている
・もっと自分のやりたいことにチャレンジしたいのにできない
・人目が気になって行動できない
・失敗が怖くて何もできない
・摂食障害

こうした悩みを解消する方法の一つが、**インナーチャイルドワーク**と呼ばれるもの

です。インナーチャイルドとは、日本語に訳せば「内なる子ども」=幼少期の自分です。

このインナーチャイルドを徹底的に愛し、癒やすことで、大脳と大脳辺縁系にインストールされた情報を書き換えていくのがインナーチャイルドワークです。

こう書くとむずかしそうですが、とても簡単です。

専門家（私もその一人です）のサポートを受けることもできますが、ひとりでもできるので、ぜひ試してみてください。

方法は、次の項目でご説明します。

「私」を癒やす
インナーチャイルドワーク

インナーチャイルドワークは、想像の世界で、大人の「私」が子どもの「私」を育て直していくような作業です。

子どもの「私」がここにいるとイメージしやすいように、まず、その子のために椅子や座布団、抱き心地のよいクッションやぬいぐるみ、抱き枕などを用意してください。

そして、いろいろなおしゃべりをしていきましょう。

たとえば、子どもの「私」は、ずっとわがままが言えませんでした。欲しいものを「欲しい」、好きなものを「好き」とも言えませんでした。ジュースをこぼしただけで、怒られたらどうしようと、ビクついていたのです。そんな記憶が書き換えられるような、優しい言葉をかけてあげてください。

「何が食べたい？」

「アイス」

「食べよう、食べよう！」

「もう1本いい？」

「いいよ、いいよ。いっぱい食べよう！」

こんな要領です。ほかにも、

「いつも一緒にいるよ」

「大好きだよ」

「がんばらなくていいからね」

と言ってあげるのも効果的です。


とにかく、子どもの「私」が記憶している、「ダメ」「やめなさい」「悪い子」などの否定的な言葉を、肯定的な言葉に変換していくのです。

そこに居てくれるだけで可愛いよ♡と、愛していくのです。

想像の世界で一緒にごはんを食べたり、お風呂に入ったり、お絵描きしたり。夜は抱っこして眠るのもいいでしょう。

インナーチャイルドワークをやると、**過去のネガティブな思いグセや、消極的だった思考や行動のパターンから解放されて、生きるのが楽になります。**

途中、ざわざわして落ち着かない気がするかもしれませんが、それは子どもの「私」が過去の記憶から抜けだそうとしているサイン。あまり心配する必要はありません。

1週間も続ければ、どんどん穏やかになって、心が満たされていく感覚を味わえるはずです。

ただ、「死にたい」の願望が埋め込まれた脳幹の記憶はなかなか頑固です。こちらは、丁寧に自分のことを見て、ゆっくりと癒やしていくといいでしょう。神様もハイヤーセルフも必ずあなたを最高最善に導いていています。安心して向き合ってくださいね。

また、インナーチャイルドワークは、幼少期の記憶を書き換えるだけでなく、母性も育て、女性性も開花させてくれます。

女性性の「感じる」が弱いとき、インナーチャイルドを抱っこしてあげることで、小さい身体や抱き心地を「愛しいなぁ、可愛いなぁ」と思うことで、女性性が勝手に充電される感覚を味わうでしょう。

霊能力者の男性は、「女性性＝感じる力」が強い人が多いものです。男性でも、「感じる力」を充電させることで、宇宙につながりやすくなります。

インナーチャイルドの人形やぬいぐるみが、いつもあなたのそばに一緒にちょこんと座っているだけで、自然と抱っこしたくなるのは、女性性の影響です。だから、インナーチャイルドワークは、〝勝手に〟感じることを思い出させます。

難しい脳科学でも説明されますが、この感覚は、理屈ではありません。

母性の感覚です。

自分を好きになるのに、理由はいらない

「そのままでいいんだよ」

「あるがままのあなたでいい」


以前の私は、そんな言葉を聞くと「フン！」と反発していました。

発達障害の特質で、ガスや水道代を払うのはすぐ忘れるし、地図は読めない。夫に付き添ってもらわないと、慣れているはずの場所へも一人ではたどり着けません。

あるがままじゃ、とても不便なのです！

そんな自分が恥ずかしくて、ずっと自分のことを情けないと思っていました。


でも、あるときハイヤーセルフに聞きました。

「私、できないことだらけだけど、いいかな？」

するとハイヤーセルフが、いかにもお気楽な感じでこう答えてくれたのです。

「べつに、いいんじゃない♪」と。

無理しなくていい、何かを克服しなくていい。

「今のままでいい」と決めたら、私は私、これでいいと思えるようになったのです。


あなたも、昔の私のように「自分が嫌い」「私なんか」って言っていませんか？

あれもできない、これもダメ。おまけに優柔不断で、すぐ人に流される。

「こんな欠点だらけの私を、好きになれるはずがないじゃない」などと。

でも、完全無欠の人など、どこにもいません。


誰かを好きになったときのことを思い出してみてください。

たとえば私なら、「嵐」のマツジュンこと松本潤さん！　大好きです。

けれど私が彼を好きなのは、欠点がないからではありません。

顔が濃くて、眉毛も太い。ストイック過ぎて、性格的にはめちゃくちゃ細かいらしいと聞けば、「うわっ、面倒くさそう」とも思います。

でも、そういうところも含めて全部が好きなのです。

「好き」とは、そういうことではないですか？

「あれができる」「ここがいい」と点数を入れていって、**100点だから好きになるわけじゃない。人を好きになるのに、理由などない**のです。


自分を好きになるのも同じです。

そもそも、「欠点」とは世間の常識から見たジャッジに過ぎません。

たとえば、「優柔不断だからダメ」が世間一般の声だとしても「いや、私、『どっちにしようかな、あっちかな、こっちかな』って考えているときが幸せなんです」なら、それは欠点でもなんでもありません。

ただ、あなたは「そういう人」だというだけです。


自分を好きになるのに、点数も、世間の評価も関係ありません。

あなたは、あなたのままでOK！

何一つ変えることなく、今のままの自分をただ認めるだけ。

それが自分を好きになるということだと思います。

神様とハイヤーセルフを信じてゆだねる

さて、第2章からこの第5章までは、お金、仕事、愛や人間関係、そしてあなた自身を変える方法について様々な項目に分けてお伝えしてきました。

一つひとつはバラバラなお話のようですが、実はすべてはつながっています。

たとえば、あなたは「お金が手に入れば、それだけで幸せ」と、そこだけに焦点を当てていたつもりだったかもしれません。

でも、神様やハイヤーセルフとつながることで、まったく別のルートがポンと開けて、**お金だけでなく、いつのまにか愛や人間関係もうまくいくようになってしまう**……という具合です。

神様やハイヤーセルフとつながる生き方は、これまであった人間界のマニュアルのように、頭で考えて無理矢理現実を変えていくことではありません。

大切なのは、まず感じること。

あなたは、本当はどうなりたいのか。自分の感情に素直になって、自分自身がなりたい自分を決めましょう。

あとは、ただ信じて、ゆだねるだけ。

あなたにとって一番幸せな道へ、神様とハイヤーセルフが導いてくれます。


次はいよいよ最終章。ハイヤーセルフとつながる「サユラカード」の具体的な使い方を詳しくご説明していきます。

「えっ、こんなことまで聞いていいの？」と驚かれるかもしれません。もちろん、どんなことでもOKです。どうぞあなた自身のハイヤーセルフとともに、楽しみながら人生をダイナミックに変えていってください。

第5章のまとめ

- □ がんばりすぎる原因は何？
- □ 「どうせ無理」は言い訳
- □ インナーチャイルドワークで、生きるのが楽になる
- □ イライラ、モヤモヤはノートに書いて本当の願いを見つける
- □ 人を好きになるように、自分を好きになればいい
- □ ありのままのあなたでいい

第6章

誰でもできる！「サユラカード」に聞くあなたの未来

カードが伝えるあなたの未来

ハイヤーセルフは、「本当の私」＝魂。

あなたの人生の目的や本来のキャラクター、そのすべてを知っています。

また神様とつながっていて、神様の言葉を通訳してくれます。

「サユラカード」は、そんなハイヤーセルフとあなたをつなぐツールです。

本書には、「〇」「×」「△」の意味を持つ3種類のオラクルカードが特典としてついています。名付けて「サユラカード」です。

小さな名刺サイズですので、名刺入れに入れておいたり、手帳にはさんでおいたり、いつでもすぐに取り出してカードに尋ねてみてください。

悩んだとき、迷ったとき、本当にどちらか決めかねるとき……。どんなときでも、

3枚の「サユラカード」の意味

「○」を意味するカード。質問に対して「ＯＫ」と言っています。

「△」を意味するカード。どちらとも言えません。もう一枚を引いてください。

「×」を意味するカード。質問に対して「ＮＧ」と言っています。

このカードを使ってハイヤーセルフに話しかけてみてください。

あなたにとって最善の道は何なのか？　その答えを「○×△」の形で運んできてくれます。

引き方は好みの方法で構いませんが、基本は、まず3枚のカードをシャッフルして裏にして並べ、質問を心に浮かべて、一枚を選びます。一度引くだけではなく、質問はどんどん掘り下げていきましょう。

この章では、カードの使い方を、Q＆Aの形式で紹介していきます。

Q1 どんな質問ができますか？

なんでも聞くことができます。質問の一例と、「○」「△」「×」が出たあと、それぞれ、その次にどのように掘り下げるかをみてみましょう。

質問の内容

人間関係（恋愛・結婚・友人・同僚・夫婦関係・親戚関係・親子関係）
仕事のこと（就職・転職・起業・取り引き相手・商談・採用・配置部署）
引っ越し（場所・時期・どの家にするか）
買い物（買う店・買う物・合うプレゼント）
旅行（国・地域・旅行代理店・時期・誰と行くか・宿泊先ホテル）
自分に合うもの（病院・歯医者・リラグゼーション・ダイエット・習い事）

投資（投資先・投資時期）
体調（不具合の原因・改善するために合うもの）

質問のしかた

イエス・ノーで答えが出るような聞き方をしましょう。

□ 来週の合コン、参加すべき？
□ 同僚の○○君は、私のことを好きですか？　恋人になれますか？
□ 彼との結婚は幸せになれますか？
□ ○○さんに喜ばれるプレゼントはAですか？（Bですか？）
□ 今度のお見合いパーティーに着る服はAですか？（Bですか？）
□ この仕事に向いていますか？
□ 転職することが最善ですか？
□ この場所に引っ越しても大丈夫？
□ この靴を買うのはGoodですか？

□　今度の休みに行ったほうがいいのは海ですか？（山ですか？）
□　○○は、私の前世の場所ですか？
□　臨時収入は入りますか？
□　新しいメニューは売れますか？
□　可愛くしてくれる美容院はAですか？（Bですか？）

質問の掘り下げ方

どのカードが出ても、さらに質問を掘り下げて行くことで、より具体的な方向性を知ることができます。詳しくはこの章を読み進めてください。

□　恋人ができますか？
○→それはいつですか？　来月ですか？
△→私が思い描いているAくんではない人ですか？
×→もっとほかの場所で出会いがありますか？

Q2 「サユラカード」を引く前の準備は？

ハイヤーセルフからの情報は、脳の中の脳幹という場所に送られてきます。

ここは、私たちが普段考えたり記憶したりする脳とはまったく別の、感情をつかさどる大脳辺縁系の下部に位置します。

そのため、あまり頭であれこれ考えていると、思考の脳ばかりが活発に働き、ハイヤーセルフの声をキャッチしにくくなってしまいます。

たとえばお風呂にゆっくりつかっているときはホワンとリラックスしますが、あの状態が脳幹にとっての理想です。

そこで、お風呂効果同様、思考を休め、からだを浄化する簡単な方法をご紹介します。順番におこなって、心を落ち着けてからカードを引きましょう。チャクラがスッキリしてハイヤーセルフからの情報が受け取りやすくなります。

●グラウンディングする

1・女性は膣の入り口、男性は肛門の少し前にある第一チャクラを意識します。

2・そこから自分専用のコードを出し、地面を突き抜け地球の中心にどんどん延ばしていくイメージをします。

3・中心に着いたらコードをぐるぐる巻きにしてガシッと固定。これで大地と一体化し、揺らぐことのない落ちつきを得られます。

●チャクラをきれいにする

1・頭のてっぺんにあるクラウンチャクラと呼ばれる場所を意識します。

2・そこからゴールドの太陽の光をザーッと体の中心に入れ、身体の中心を通して両足の裏へ向かって流します。

3・その光で全身の不純物をサーッと押し流すイメージをしてください。足の裏から大地へ光が流れ出ていくイメージです。

これはとても簡単にした方法です。

ほかにも浄化のための様々な方法があります。お好みで試してみてください。

●ホワイトセージを焚く

ネイティブアメリカンの間で、古くから儀式や祈りの場に使われてきた神聖なハーブです。小皿に置いて焚き、その煙で空間と人、オーラ、カード、パワーストーンなどを浄化します。

●クリスタルチューナーを鳴らす

天界の扉が開くとされる4096Hz（ヘルツ）の周波数（天使の周波数）を出す音叉です。チーンと鳴らすことで、波動で浄化します。

●パワーストーンを置く

水晶、アメジストなど浄化効果と癒しのパワーがある石を、部屋に置きます。それだけでなく、クリスタルチューナーで叩いて音を出しても浄化効果があります。

●香りのアロマスプレーを吹きかける

リラックス効果のあるラベンダー、集中力を上げるユーカリなどがおすすめです。

Q3 質問は声に出したほうがいいですか?

まず「○×△」が見えないように3枚のカードを裏返して置きます。

質問は、声に出さなくても頭の中で思うだけで大丈夫です。

ただ、前に書いたようにハイヤーセルフの情報は脳幹に入ってきます。

脳幹には記憶の機能がないので、質問したことや答えを忘れてしまうことがよくあります。

私自身、占いのセッションをするときは脳幹を使うため、そのとき聞いたお客様のプライベートな情報はほぼ記憶に残っていないのです。

ですから、自分でカードを引く場合は、まずノートを用意して、質問内容を書いておくことが大切です。

カードを引いて答えが出たら、その結果も書いておきましょう。

Q4 ハイヤーセルフには誰でもつながれますか？

もちろん、ハイヤーセルフは自分自身なので、誰でもつながれます。

「サユラカード」は、人間界のチャンネルからハイヤーセルフ・チャンネルに切り換えるスイッチのようなもの。あなたがつながると意図するだけで、ハイヤーセルフの周波数にバチッと合うようになっています。

それは、あなたがテレビのチャンネルを変えるのと同じくらい簡単です。

ただ、使う側がリラックスしていないと、うまく切り換わらないことがあります。カードを使うときは、まず、「準備ができていますか？」と聞きましょう。

「○」が出たら質問をはじめてください。

「△」や「×」が出た場合は、Q２で解説した準備をもう一度してから再チャレンジしましょう。

サユラカードを浄化しても良いですよ。

Q5 △のカードはどう解釈すればいいですか？

物事はすべて「○」か「×」に判定できるものではありません。

ハイヤーセルフが「△」と答える場合は、「最悪ではないけれど、最善でもない」、平たくいえば、「イマイチ」というアドバイスです。

この場合、残りの2枚をもう一度引いてください。

「△」の後が「○」なら、良い寄りのイマイチ。

「△」の後が「×」なら、悪い寄りのイマイチ。

そう解釈するといいでしょう。


また、「△」が出たときは、さらに質問を掘り下げていったほうがいい場合がほとんどです。

たとえば「転職することは最善ですか？」と聞いたとします。

「△」が出たら、「△」を除いた2枚で、もう一度引いてみましょう。

「△」→「×」の場合は、ほぼ「×」だけど完全に×じゃない。

「△」→「○」の場合は、「○」だけど、パーフェクトな「○」じゃないというイメージです。転職自体はよくても、今、あなたが候補として思い浮かべている会社が「△」（イマイチ）なのかもしれません。

こんなときは、もう一度3枚を使って、「候補先が違っていますか？」と質問の方向を変えてみましょう。

「候補先が違っていますか？」→「×（違う）」と出たら、「では、○○社はどうですか？」と質問をくり返していきます。

何社候補をあげても「○」が出ない場合は、転職時期が今ではないと示唆している場合もあります。同じように今度は、転職時期はいつがいいかを聞いていきます。

「△」→「○」の場合でも、何がイマイチなのか、見つけることができます。

このように、質問の仕方はいろいろです。

「△」が出たときは、いろいろな可能性を予測しながら質問を考えていきましょう。

面倒なようですが、慣れると、質問を考えること自体も楽しくなっていきます。

△が出たときの進め方

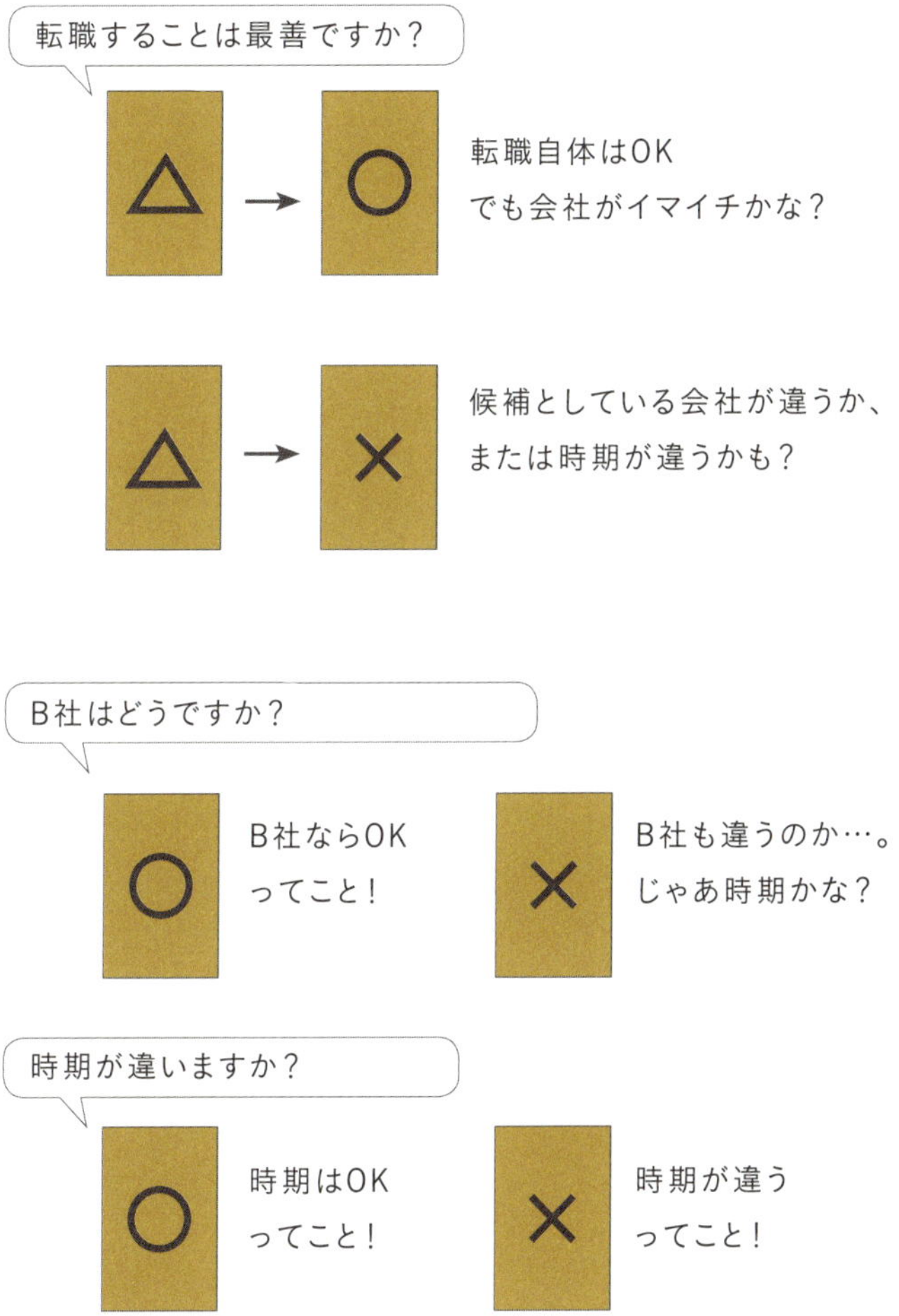
転職することは最善ですか？
転職自体はOK
でも会社がイマイチかな？
候補としている会社が違うか、
または時期が違うかも？
B社はどうですか？
B社ならOK
ってこと！
B社も違うのか…。
じゃあ時期かな？
時期が違いますか？
時期はOK
ってこと！
時期が違う
ってこと！

Q6

「AかBか？」の二者択一の場合はどう聞いたらいい？

二者択一に限らず三者択一、四者択一、何でも聞けます。

たとえば、「A君とB君とC君、誰とつき合ったらいいですか？」と聞きたい場合は、まず「A君ですか？」「B君ですか？」……と、一人ひとり聞いていきます。そうすることで、ランキングを知ることもできます。

2人以上に「○」が出ることもあります。

たとえばA君とC君が「○」。全員が「○」のこともあります。

こんな場合は、質問を細分化させていきます。

「結婚して幸せになれるのは誰？」

「趣味が合う人は誰？」

「私が向こうのお母さんと仲良くなれるのは誰？」

など、自分が相手に求める大事な条件を満たすかどうか質問しましょう。

Q7 ネガティブな質問をしたとき「○」。これはどう解釈すればいい？

たとえば「C君はマザコンですか？」と聞いた場合、通常の日本語の会話方法だと、「○」が出たら「はい、マザコンです」で、C君はマザコンだと受け取ってしまうことがあります。

けれども、カードの答えの受け取り方は、すべて「○」→「ポジティブ」、「×」→「ネガティブ」という価値観で見てください。

この場合、マザコンは悪いイメージなので、「C君はマザコンですか？」と聞いた場合、「×」が出たらマザコン。「○」が出たらマザコンではないということです。

混乱しそうだと思ったら、こうしましょう。

カードを引く前に、「×」が出たらマザコン、「○」が出たらマザコンではない、というふうにしっかり自分で決めておくのです。これで迷いがなくなります。

Q8 「○×△」では答えが出ないような質問は、どうしたらいい？

たとえば、「明日の合コン、何を着ていったらうまくいきますか？」と聞きたい場合、そのままでは答えを受け取れません。

そこで、ハイヤーセルフが「○×△」で答えやすいように、質問を細分化します。洋服なら、色やスタイル、イメージなどで分けてそれぞれ質問を設定し、一つひとつカードを引いていきましょう。

・色で分ける

「黄色ですか？」「青ですか？」「白ですか？」……など。

・スタイルで分ける

「ミニスカートがいい？」「パンツスーツ？」「ワンピース？」……など。

・イメージで分ける

「ゆるふわ系？」「セクシー系？」「キャリアウーマン風？」「お嬢様風」……など。

その結果、ハイヤーセルフが「〇」と答えたのは、『「黄色」の「ワンピース」の「ゆるふわ系」』だとしたら、それがあなたの明日の勝負服です。

自分では「こんな服着たことないし、おかしくないかな？」と不安でも、ハイヤーセルフを信じてください。

今のあなたには違和感があっても、全体を見渡す神様から見て、その選択があなたにとって最善だからです。

必ずあとで、すべてを見通す神様のパワーを実感できることでしょう。

「いつ旅行に行ったらいい？」
「引っ越しはいつがいい？」
「会社に辞表を出すのはいつ？」

「彼氏ができるのはいつ？」

「結婚式の日取りは？」

など日程や未来を聞きたい場合も、同様に細分化して一つひとつ聞いていきます。

まず、「1月？」「2月？」「3月？」と月別で聞き、「○」が出た月の中で、今度は日にちを聞いていくやり方も一つ。

希望日がいくつか決まっているなら、具体的に「12月3日出発はどうですか？」「1月23日出発はどうですか？」と聞くこともできます。

複数に「○」が出たら、今度は「この中で、最もおすすめは？」の質問を繰り返し、最後に「○」が一つになるまで絞っていってください。

Q9 自分が望んでいた答えが出なくてもカードに従うべき？

ハイヤーセルフのアドバイスはあなたにとって最善です。

たとえば、苦手な人からお茶に誘われたとします。誘いを受けるべきか、断るべきか？　あなたの気持ちは、「できれば行きたくないなぁ」です。

ところが、ハイヤーセルフの答えは「○（行ったほうがいい）」だったとしたら、行ってみることをおすすめします。

すると、その苦手な人から仕事のオファーが来たり、あなたがずっと前から会いたかった人を紹介してくれるなどのいい話が舞い込んできたりするのです。

このように、ハイヤーセルフの答えには、ちゃんと理由があるのです。

ただ、どうしてもハイヤーセルフの答え通りに動けないこともあります。

たとえば、あなたが出掛けたいなと思っている場所について。

「行ってもいいですか？」とカードに聞いたら「×」が出ました。

こんなときは、「×」の理由を聞いてみましょう。

まず、いろいろな場面を想定してみてください。ハイヤーセルフはどんな理由で「×」を出すでしょう？

たとえば、あなたが乗る電車が遅れるのかもしれません。

もっとほかに出掛けたい場所がこれからできるのかもしれません。

「×」の理由がわかれば、その原因を回避する方法を考えられます。それも、ハイヤーセルフに聞いてください。

・何時の電車に乗れば遅れないか？
・ほかに行きたい場所ができたときはどうするか？

など、事前にわかっているからこそ、こうして心の準備ができるのです。

このように「×」が出たからといって、絶対にダメというわけではありません。

ハイヤーセルフは、あなた自身の魂です。あなたがあなたを不幸にするはずがありません。必ず最高最善に導いてくれます。あなたの都合や立場をちゃんと考えて、「×」の中にも必ず何かいい方法を見つけて教えてくれるのです。

私の場合なら、たとえば、同窓会のお誘いがくるたびにカードでは「○（行ったらいいよ）」の答えが出ますが、実は、毎回「行きたくない」が本心です。ですから、「欠席の連絡をすれば大丈夫?」などと、あれこれ理由をつけて「行かなくていい」という答えが出るまでねばってカードを引き続けます。

同窓会に出席しないというちょっと後ろめたい気持ちも、こうしてハイヤーセルフから「嫌なら、行かなくていいよ」とお墨付きをもらうことで、安心感に変わります。こんなカードの使い方もあるのです。

Q10 カードは、私が成功するかどうかも教えてくれますか？

はい。

ただ、「成功」という言葉は範囲が広く、ハイヤーセルフもどう答えるべきか迷ってしまいます。

「100万円収入が増えれば成功」と考える人もいれば、「大好きなことを仕事にできたら成功！」と考える人もいるなど、価値観は人それぞれ。あなたが何を成功と考えているのかが不明瞭だからです。

こんな場合は質問を絞り、たとえば「今の収入を超えますか？」「年収が倍になりますか？」「○○で仕事ができますか？」などの聞き方をするといいでしょう。

「お金持ちになれますか？」の質問も、同様です。

あなたにとって何がお金持ちなのか、まず、定義をはっきりさせましょう。

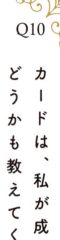

Q11
「起業できますか？」と聞いたら「×」。あきらめるべきですか？

いいえ、そんなことはありません。「起業できますか？」の質問には前提が隠れています。「×」だからといって、「向いていない」とか「やらないほうがいい」などと結論づけしてしまうのは早計です。

この場合の「×」は、〝今あなたが頭で考えている職種だと「×」〟や〝今考えている時期だと「×」〟などの意味であることがよくあります。

たとえば、あなたが「アロママッサージでサロンを経営したい」と考えていても、ハイヤーセルフから見れば、マッサージより心理カウンセラーのような人と話をする職業のほうが向いているのかもしれません。「×」でも、「では、職種が違うのですか？」「時期が違うのですか？」と、納得できるまで掘り下げていきましょう。

または、「いつか何かで起業できますか？」とまず聞いてみるのも良いです。これで「×」の場合は、今のところはダメということです。

Q12 自分じゃないほかの人の気持ちも聞けますか？

もちろんです。今世、あなたと少しでも関係のある人は、すべて同じ「魂の壺」からやってきた仲間です。ハイヤーセルフ同士は、時空を飛び越え、すぐにコミュニケーションをとることができます。

たとえば○○君の誕生日。何をプレゼントしたら喜ばれるか、カードに聞いたとします。「時計ですか？」「洋服ですか？」「何かビジネスに使えるものですか？」など。すると、あなたのハイヤーセルフが、○○君のハイヤーセルフに直接コンタクトをとって答えを聞いてきてくれるのです。そのときの彼が欲しいものがわかります。それを参考に、プレゼントを選んでみてください。

きっと「わあ、どうしてわかったの？　これ前から欲しかったんだよね」と喜んでもらえるはずです。

Q13 質問を終えるときはどうしたらいいですか？

「ありがとうございました」と感謝して、いつでも終えることができます。

ただ、時間があれば、聞きたいことはすべて聞き尽くしておきましょう。

たとえば、結婚するかもしれない○○君について。

「浮気しませんか？」「子どもは好きですか？」「家事は手伝うタイプですか？」など、聞きたいことは山ほどあるはずです。

少しでも不安な点は、すべて聞いておいたほうが後々安心です。

最後に「これで全部伝えましたか？」と聞いて「○」が出ればそこで終了。

「×」の場合は、ハイヤーセルフが知っていることで、まだあなたが質問していない何かがあるということです。いろいろな可能性を想定して、質問を付け加えてみてください。

Q14

何でもカードに聞くうちに依存してしまいませんか？

私は、毎日必ずカードを引き、ノートを書いて、すべて自分と対話しています。

なにしろハイヤーセルフは、「本当の私」なのです。

ハイヤーセルフとの対話は、依存ではないので、ご安心ください。

私が「私」と会話しながら自分の願いを見つけ、行動を決めているだけです。

カードに質問してノートに書く行為は、自分自身と向き合うことでもあります。

ただし、ハイヤーセルフの答えは、すべて「たった今から見て」です。人間は変わる生き物です。「たった今の自分から見て」「たった今の彼から見て」なので、そのとき限りではなく、いつも自分と対話してください。

そして、「自分はどうしたいか？」がいつもベースです。ハイヤーセルフに「決めてください」ではなくて、「私はどうしたい?」と自分に問い続け、そしてハイヤーセルフにアドバイスをもらってください。

より自立した自分らしい人生を楽しむためのツールとして、カードをご活用いただけたら嬉しいです。

おわりに

誰もが簡単にハイヤーセルフとつながれる事実を、
本当はいつもつながっていることを、
一人でもたくさんの方に伝えること。
それが神様に与えられた使命だと思い、この本を書かせていただきました。

神様も、本当の自分であるハイヤーセルフも、必ずあなたをいつも最高最善に導いてくれます。

どんな時でも、です。

だから、安心して、自分の「好き」を生きてください。

安心して、神様にすべてをゆだねてみてください。

人間技ではどうにもできなかったことが、すばらしい方向へ進んでいきます。

幸せも豊かさも、すでにみなさんの中にあります。
どうぞ、あなたの本当の自分の願いを、どんどん叶えていってくださいね。

感謝を込めて　ＳＡＹＵＲＡ

サユラ SAYURA

「金沢の恐ろしいほど当たる占い師」と巷では呼ばれているが、占い師ではなく、サイキックオラクルタロットカードを使った霊視(チャネリング)を行う。クライアントのかかえる生きづらさの原因は幼少期にあることを知って、心理学を学び、過去の感情を解放するセッションも取り入れるようになる。さらに、プロのセラピストを養成する講座、一般の方へのカードの引き方講座も開講。

伝えたいのは、自分の力で自分を幸せにすること。「生まれてきて良かった!」と魂が震えるくらい感動してほしいという思いから、活動を続けている。

[ブログ]https://ameblo.jp/k-sayura/
[ショップ]http://sayurakanazawa.shop-pro.jp/

デザイン　小口翔平+岩永香穂+谷田優里(tobufune)
イラスト　船越由佳子
編集協力　金原みはる
編集　森 基子(廣済堂出版)

あっという間に神様につながって
サクッとお金と人に恵まれる方法

2019年1月20日　第1版第1刷

著者　サユラ
発行者　後藤高志
発行所　株式会社 廣済堂出版
〒101-0052 東京都千代田区神田小川町2-3-13
M&Cビル7F
電話　編集 03-6703-0964
販売 03-6703-0962
Fax　販売 03-6703-0963
振替　00180-0-164137
URL　http://www.kosaido-pub.co.jp
印刷・製本　株式会社 廣済堂

ISBN978-4-331-52209-7 C0095